やりきれるから自信がつく！

✓ 1日1枚の勉強で，学習習慣が定着！

◎目標時間に合わせ，無理のない量の問題数で構成されているので，「1日1枚」やりきることができます。

◎解説が丁寧なので，まだ学校で習っていない内容でも勉強を進めることができます。

✓ すべての学習の土台となる「基礎力」が身につく！

◎スモールステップで構成され，1冊の中でも繰り返し練習していくので，確実に「基礎力」を身につけることができます。「基礎」が身につくことで，発展的な内容に進むことができるのです。

◎教科書の学習ポイントをおさえられ，言葉の力や表現力も身につけられます。

✓ 勉強管理アプリの活用で，楽しく勉強できる！

◎設定した勉強時間にアラームが鳴るので，学習習慣がしっかりと身につきます。

◎時間や点数などを登録していくと，成績がグラフ化されたり，賞状をもらえたりするので，達成感を得られます。

◎勉強をがんばると，キャラクターとコミュニケーションを取ることができるので，日々のモチベーションが上がります。

JN040224

毎日のドリルの使い方

1 1日1枚、集中して解きましょう。

◎1回分は、1枚（表と裏）です。

1枚ずつはがして使うこともできます。

◎目標時間を意識して解きましょう。

アプリのストップウォッチなどで、かかった時間を計るとよいでしょう。

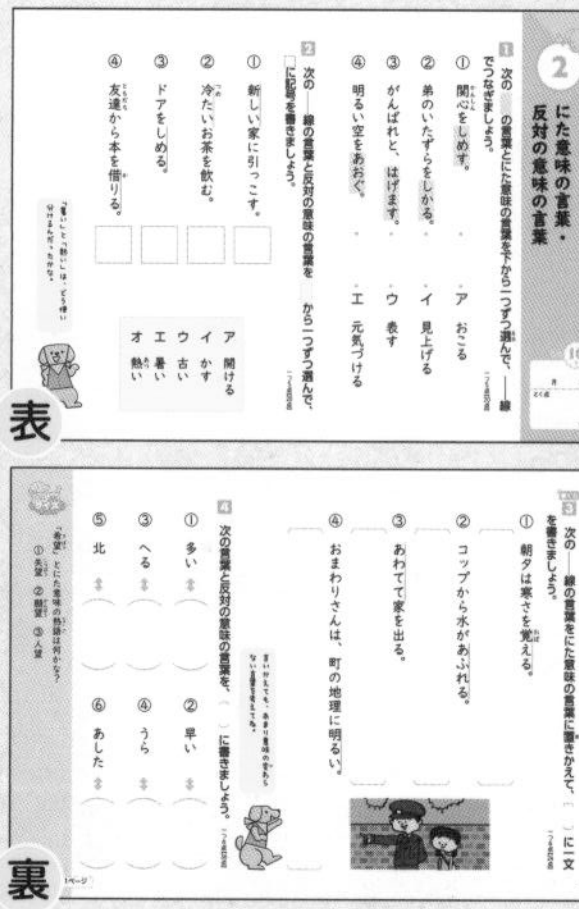

・「かくにんテスト」　ここまでの内容が身についたかを確認しましょう。

・「まとめテスト」　最後に、この本の内容を総復習しましょう。

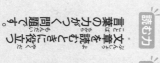

書く力　文を書くときに役立つ表現力がつく問題です。

読む力　文章を読むときに役立つ言葉の力がつく問題です。

2 答え合わせをしましょう。

・本の最後に、「答えとアドバイス」があります。

・答え合わせをして、点数をつけましょう。

・アドバイスには考え方や解き方がのっています。よく読んで、学習に役立てましょう。

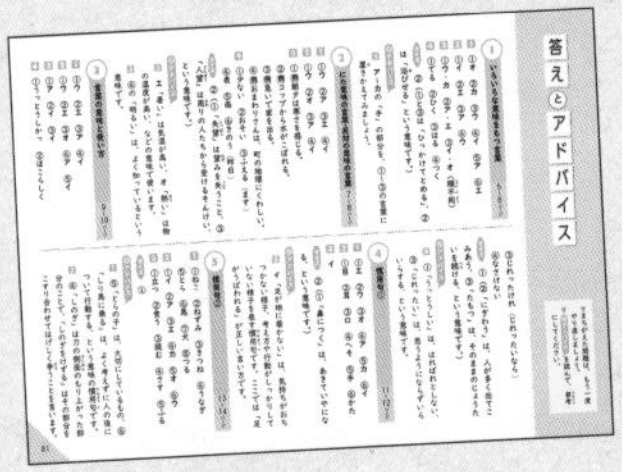

3 アプリに得点を登録しましょう。

・アプリに得点を登録すると、成績がグラフ化されます。

・勉強すると、キャラクターが育ちます。

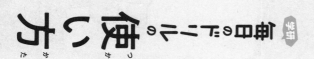

無料
ダウンロード

毎日のドリル
勉強管理アプリ

アプリといっしょだと，ドリルが楽しく進む!?

毎日のドリル 勉強管理アプリ

「毎日のドリル」シリーズ専用，スマートフォン・タブレットで使える無料アプリです。
1つのアプリでシリーズすべてを管理でき，学習習慣が楽しく身につきます。

1 「毎日のドリル」の学習を徹底サポート！

毎日の勉強タイムをお知らせする「タイマー」

かかった時間を計る「ストップウォッチ」

勉強した日を記録する「カレンダー」

入力した得点を「グラフ化」

2 キャラクターと楽しく学べる！

好きなキャラクターを選ぶことができます。勉強をがんばるとキャラクターが育ち，「ひみつ」や「ワザ」が増えます。

3 1冊終わると，ごほうびがもらえる！

ドリルが1冊終わるごとに，賞状やメダル，称号がもらえます。

4 漢字と英単語のゲームにチャレンジ！

ゲームで，どこでも手軽に，楽しく勉強できます。漢字は学年別，英単語はレベル別に構成されており，ドリルで勉強した内容の確認にもなります。

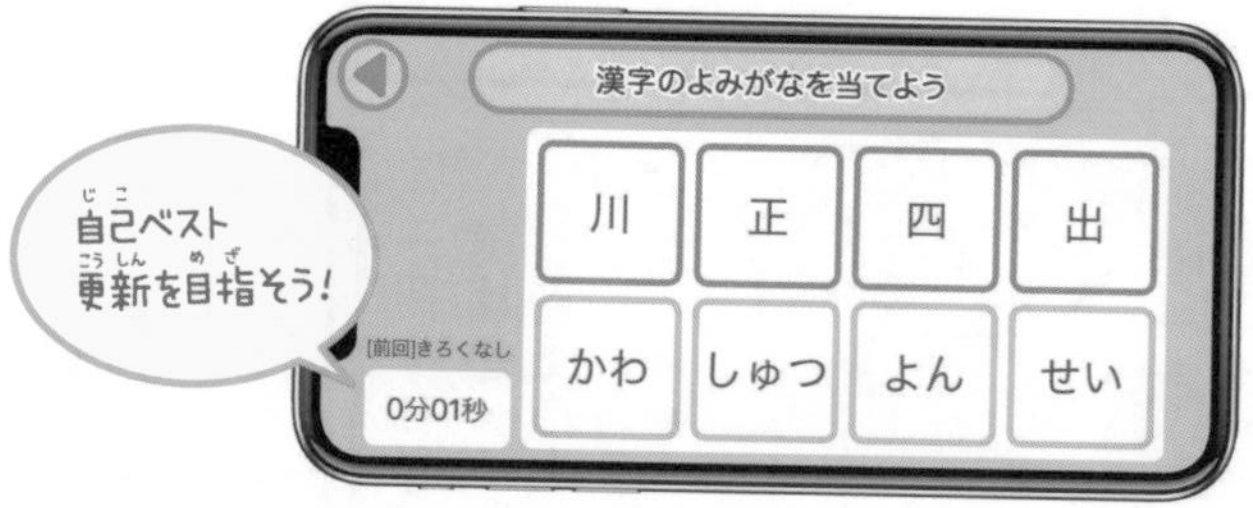

アプリの無料ダウンロードはこちらから！

https://gakken-ep.jp/extra/maidori/

【推奨環境】
■ 各種Android端末：対応OS Android6.0以上　※対応OSであっても，Intel CPU（x86 Atom）搭載の端末では正しく動作しない場合があります。
■ 各種iOS（iPadOS）端末：対応OS iOS10以上　※対応OS や対応機種については，各ストアでご確認ください。
※お客様のネット環境および携帯端末によりアプリをご利用できない場合，当社は責任を負いかねます。ご理解，ご了承いただきますよう，お願いいたします。

言葉の知識（ちしき）

1 いろいろな意味をもつ言葉

目標（もくひょう） 10分

月　日

とく点　　点

1 次の「とる」の意味を［　］から一つずつ選（えら）んで、□に記号を書きましょう。

一つ4点【24点】

① ぼうしをとる。□

② 出前をとる。□

③ 食事をとる。□

④ メモをとる。□

⑤ 電話で宿をとる。□

⑥ みゃくをとる。□

ア 予約（よやく）する。　イ 書き記す。　ウ 食べる。

エ はかる。調べる。　オ ぬぐ。外す。

カ 注文して、持ってこさせる。

「とる」の部分にア～カを置（お）きかえてみて、意味が通るものを選んでね。

2 次の「顔」の意味を下から一つずつ選んで、——線でつなぎましょう。

一つ5点【20点】

① 明るい顔になる。　・　・ア 首から上の部分。

② 集会に顔を出す。　・　・イ 顔に表れるもの。

③ 鏡（かがみ）に顔をうつす。　・　・ウ 代表となるもの。

④ 日本の顔として出席（しゅっせき）する。　・　・エ そこにいること。

3 次の意味で使われている「手」を　　から二つずつ選んで、□に記号を書きましょう。 一つ4点【24点】

① やり方　□・□　　② 方向　□・□

③ 手首から先の部分　□・□

ア　右手に公園がある。	イ　手をたたく。
ウ　よい手を思いつく。	エ　行く手に海が見える。
オ　先に手を挙(あ)げる。	カ　手をつくしてさがす。

4 次の　　にそれぞれ共通(きょうつう)して入る言葉を、ひらがなで（　）に書きましょう。 一つ8点【32点】

① 船が　　。答えが　　。顔に　　。読書会に　　。

② 線を　　。つなを　　。人目を　　。辞書(じしょ)を　　。

③ むねを　　。かべ紙を　　。池に氷が　　。根が深く　　。

④ もちを　　。つえを　　。電灯(でんとう)が　　。きずが　　。

①（　　）　②（　　）　③（　　）　④（　　）

クイズ

「かける」の意味が他の二つとちがうのは？

① カーテンをかける。　② 水をかける。　③ かべに絵をかける。

答え ▶ 81ページ

2 にた意味の言葉・反対の意味の言葉

目標 10分　月　日　とく点　点

1 次の▭の言葉とにた意味の言葉を下から一つずつ選(えら)んで、——線でつなぎましょう。　一つ5点【20点】

① 関心(かんしん)を**しめす**。　・　　・ア　おこる

② 弟のいたずらを**しかる**。　・　　・イ　見上げる

③ がんばれと、**はげます**。　・　　・ウ　表す

④ 明るい空を**あおぐ**。　・　　・エ　元気づける

2 次の——線の言葉と反対の意味の言葉を▭から一つずつ選んで、□に記号を書きましょう。　一つ5点【20点】

① 新しい家に引っこす。　□

② 冷(つめ)たいお茶を飲む。　□

③ ドアをしめる。　□

④ 友達(ともだち)から本を借(か)りる。　□

ア　開ける
イ　かす
ウ　古い
エ　暑い
オ　熱(あつ)い

「暑い」と「熱い」は、どう使い分けるんだったかな。

書く力

3 次の――線の言葉をにた意味の言葉に置きかえて、〔　〕に一文を書きましょう。

一つ6点【24点】

① 朝夕は寒さを覚える。
〔　　〕

② コップから水があふれる。
〔　　〕

③ あわてて家を出る。
〔　　〕

④ おまわりさんは、町の地理に明るい。
〔　　〕

4 次の言葉と反対の意味の言葉を、（　）に書きましょう。

一つ6点【36点】

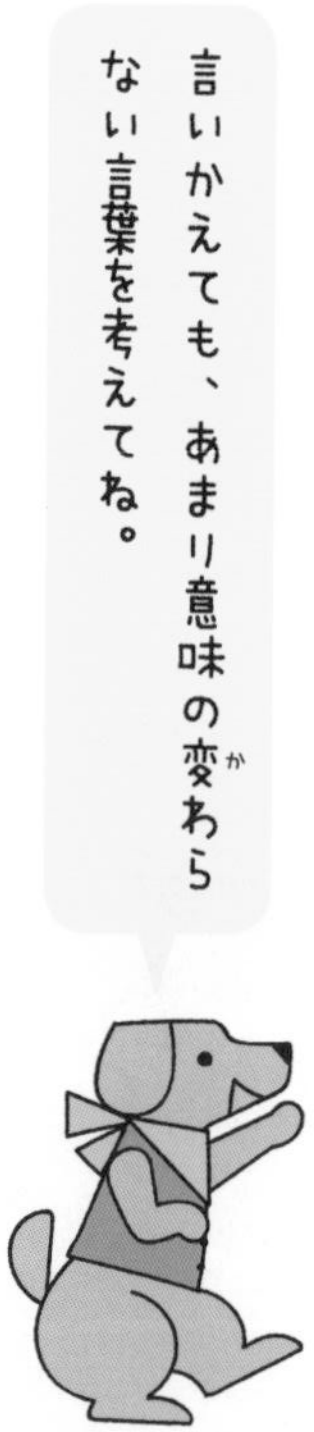

① 多い ↕ （　　）

② 早い ↕ （　　）

③ へる ↕ （　　）

④ うら ↕ （　　）

⑤ 北 ↕ （　　）

⑥ あした ↕ （　　）

クイズ

「希望」とにた意味の熟語は何かな？

① 失望　② 願望　③ 人望

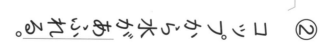

答え ▶ 81ページ

3 言葉の知識

言葉の意味と使い方

目標 10分　月　日　とく点　点

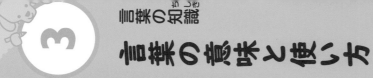

1 次の言葉の意味を□から一つずつ選んで、□に記号を書きましょう。 一つ6点【24点】

① ねだる □　② おだてる □

③ なだめる □　④ わびる □

ア こうふんしている人の気持ちをおだやかにする。
イ 自分の悪かったことを、相手にあやまる。
ウ 自分のしてほしいことを、相手に無理にたのむ。
エ 人をほめて、よい気分にさせる。

少しむずかしい言葉だけど、どんなときに使うか、考えよう。

2 次の言葉に最も自然につながる言葉を下から一つずつ選んで、――線でつなぎましょう。 一つ6点【30点】

① なやみが多くて ・　　・ア 心にひびく。
② 悲しい話を聞くと ・　　・イ 気を引きしめる。
③ スケールが大きすぎて ・　　・ウ 頭をかかえる。
④ 美しい話が ・　　・エ 心がいたむ。
⑤ 決勝戦を前にして ・　　・オ 気が遠くなる。

3 次の文にあてはまるほうの言葉を選んで、（　）に○をつけましょう。 一つ6点【18点】

① ア（　）うっかり／イ（　）のんびり　して、家のかぎをしめわすれた。

② 姉は、つくえの上の本もまっすぐに置くほど、ア（　）しんちょうな／イ（　）きちょうめんな　せいかくだ。

③ あまり　ア（　）しぶしぶ／イ（　）くよくよ　しないで、元気を出そう。

書く力 4 次の□にあてはまる言葉を□から一つずつ選んで、文に合う形で（　）に書きましょう。 一つ7点【28点】

① 昨日はくもりでじめじめしていたので、何となく□た。（　）

② ぼくは努力家の兄を□思う。（　）

③ 見ているのが□ば、君がやればいい。（　）

④ かれは全身びしょぬれの□すがたで、あらわれた。（　）

ほこらしい　なさけない　うっとうしい　じれったい

クイズ
「よく合う」という意味を表す言葉は？
① てきする　② にぎわう　③ たもつ

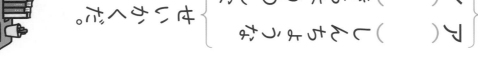

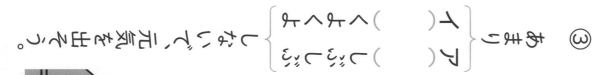

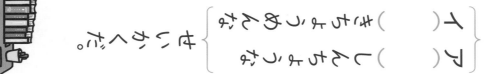

答え ▶ 81ページ

4 言葉の知識 慣用句①

目標 10分　月　日　とく点　点

1 次の——線の慣用句の意味を［　］から一つずつ選んで、□に記号を書きましょう。　一つ7点【42点】

① むずかしい問題にぶつかって、みんなで頭をひねる。　□

② クラス対こうリレーでゆう勝して、みんな鼻が高い。　□

③ 母の特訓を受けて、料理のうでが上がる。　□

④ わが家には、ねこのひたいほどの中庭がある。　□

⑤ 作品のすばらしさに、みんながしたをまく。　□

⑥ うでずもうでは、兄には歯が立たない。　□

慣用句は、二つ以上の言葉が組み合わさって、ある特別な意味を表す言葉だよ。慣用句としての意味を覚えよう。

ア　土地や場所がとてもせまい。
イ　相手が強くて、とてもかなわない。
ウ　ほこりに思い、得意になる。
エ　あれこれ考えをめぐらす。
オ　上手になる。ぎじゅつが上がる。
カ　言葉も出ないほど、ひどく感心する。

2

①〜⑥の「　」は、下の意味を表す慣用句です。（　）にあてはまる体の部分の名前を［　］から一つずつ選んで、書きましょう。 一つ7点【42点】

① 「（　　）が回る」…とてもいそがしい。

② 「（　　）をすます」…集中して物音をじっと聞く。

③ 「（　　）が軽い」…言ってはならないことを、すぐ言ってしまう。

④ 「（　　）を曲げる」…何かがきっかけになって、きげんを悪くする。

⑤ 「（　　）にあまる」…自分の力では解決できない。

⑥ 「（　　）を落とす」…とてもがっかりする。

口	足	耳	手	目	かた	へそ

3

次の――線の慣用句の使い方が正しくないものを一つ選んで、□に記号を書きましょう。【16点】

ア 図書館へ行ったついでに、美術館まで足をのばす。

イ 電車がストップして、多くの人の足が地に着かない。

ウ 仲間の足を引っぱることはしたくない。

エ 長い時間歩いたので、足がぼうになる。

□

クイズ

「自まんする」という意味の慣用句「鼻に□」の、□に入るのは？

① つく　② かける　③ つける

答え ▶ 81ページ

5 言葉の知識
慣用句②

目標 10分　月　日　とく点　点

1 次の（　）にあてはまる動物名を□から一つずつ選んで書き入れ、慣用句を使った文を完成させましょう。　一つ5点【40点】

① （　　）の手も借りたいほどいそがしい。

② ふくろの（　　）だから、もうにげられない。

③ （　　）につままれたような顔をする。

④ 気温が（　　）のぼりに上がる。

⑤ （　　）の子の貯金で、ほしい物を買う。

⑥ しり（　　）に乗るようなことはしたくない。

⑦ そんなことを言っても、（　　）の遠ぼえだ。

⑧ 先生の（　　）の一声で意見がまとまった。

馬	うなぎ	ねこ	ねずみ	
犬	きつね	つる	とら	

とらは、自分の子をとても大事にするらしいよ。ヒントにしてね。

2 次の慣用句(かんようく)を使った文の[　]にあてはまる言葉を、下から一つずつ選(えら)んで、——線でつなぎましょう。 一つ5点【30点】

① すんだことだから[　]に流そう。 ・　・ ア 油
② いたずらをして[　]をしぼられた。 ・　・ イ 水
③ もうだめだと[　]を投げた。 ・　・ ウ 火
④ 両者は[　]をけずって戦(たたか)った。 ・　・ エ さじ
⑤ 相手が強すぎるので[　]をぬいだ。 ・　・ オ かぶと
⑥ [　]が消えたように活気がない。 ・　・ カ しのぎ

3 次の文は、下の慣用句の意味を表しています。（　）にあてはまる言葉を書き入れて、慣用句を完成(かんせい)させましょう。 一つ6点【30点】

① 文章を書くことが上手である。 …… 筆が（　　）
② 目的地(もくてきち)に向かうと中(ちゅう)で、むだな時間を使う。 …… 道草を（　　）
③ 自分のとく(・・)になるように、数をごまかす。 …… さばを（　　）
④ まちがいのないように、前もって強く言っておく。 …… くぎを（　　）
⑤ 努力(どりょく)や苦労(くろう)の結果(けっか)を、むだにしてしまう。 …… ぼうに（　　）

クイズ

「必(かなら)ず来るよう、□をおす。」の□に入るのは？
① 念(ねん)　② 全　③ 面

答え ▶ 81ページ

6 かくにんテスト①

名前

目標 15分

月

とく点

読む力

1 次の文章を読んで、後の問題に答えましょう。

一つ6点【30点】

夏休みのある日、庭の草とりを一時間くらいしていたら、暑くて［㋐］してきた。お母さんがやめていいと言ったので、［㋑］して、おやつを食べようとしたら、弟がわたしの分も食べてしまい、［㋒］した。その後、宿題の本を読んだら、㋓心をうつ物語だった。感想文は、㋔よゆうをもって書くことができた。

① ［　］㋐～㋒にあてはまる言葉を、「ほっと」「がっかり」「うんざり」のうちから一つずつ選んで書きましょう。

㋐（　　）　㋑（　　）　㋒（　　）

② ――線㋓・㋔の言葉とにた意味の言葉を、［　］から一つずつ選んで書きましょう。

よろこび　ゆとり
たたく　感動させる

㋓（　　）

㋔（　　）

2 次の言葉と反対の意味の言葉を、漢字とひらがな、または漢字だけで、（　）に書きましょう。

一つ5点【20点】

① 負ける ⇕（　　）

② 浅い ⇕（　　）

③ 便利 ⇕（　　）

④ 有る ⇕（　　）

3 次の「みる」の意味を□から一つずつ選んで、□に記号を書きましょう。 一つ5点【20点】

① 子どもの面どうをみる。
② 医者が、かん者をみる。
③ とんだばかをみる。
④ シチューの味つけをみる。

ア 経験する。
イ かくにんする。
ウ 世話をする。
エ しん察をする。

① □ ② □ ③ □ ④ □

4 次の（　）にあてはまる言葉を□から一つずつ選んで、書きましょう。 一つ5点【30点】

① のどから（　）が出るほど、あの本がほしい。
② 同じ話を、（　）にたこができるほど聞かされた。
③ （　）も当てられない、ひどい結果になる。
④ 母は、いつも弟の（　）を持つ。
⑤ みな、（　）をそろえて、かれをほめる。
⑥ 買い物をしすぎて、（　）が出る。

目　鼻　口　耳　手　足　かた

答え ▶ 82ページ

7 言葉の知識(ちしき)

ことわざ①

目標(もくひょう) 10分

月　日　とく点　点

1 次のことわざの意味を[ ]から一つずつ選(えら)んで、□に記号を書きましょう。　一つ8点【40点】

① 笑(わら)う門(かど)には福きたる　□

② 帯(おび)に短し　たすきに長し　□

③ 良薬(りょうやく)は口に苦(にが)し　□

④ 弘法(こうぼう)にも筆のあやまり　□

⑤ ちりも積(つ)もれば山となる　□

①の「きたる」は「くる」、②の「短し・長し」は「短い・長い」、③の「苦し」は「苦い」という意味だよ。

ア　どんなにわずかなものでも、積み重なれば大きなものとなる。

イ　にこにこしている人の家には、幸福がまわってくる。

ウ　大きさなどがちゅうとはんぱで、役に立たない。

エ　人からのちゅうこくは聞きづらいものだが、身のためになる。

オ　どんな名人でも、失敗(しっぱい)することがある。

2 次の上と下の言葉を——線でつないで、ことわざを完成(かんせい)させましょう。 一つ7点【28点】

① 負けるが　・　　・ア ひがんまで

② 暑さ寒さも　・　　・イ 水心(みずごころ)

③ 犬も歩けば　・　　・ウ 勝ち

④ 魚心(うおごころ)あれば　・　　・エ ぼうに当たる

3 ①〜④の「　」は、下の意味を表すことわざです。（　）にあてはまるものを［　］から一つずつ選(えら)んで、書きましょう。 一つ8点【32点】

① 「立つ（　　）あとをにごさず」…よそにうつるときは、きちんとしておく。

② 「にがした（　　）は大きい」…手に入れかけて失(うしな)ったものはよりよく見える。

③ 「泣(な)きっ面(つら)に（　　）」……悪いことが重なる様子。

④ 「（　　）の面(つら)に水」……どんなことをされても、平気でいること。

魚　鳥　かえる　はち

クイズ

「転ばぬ先の［　］」ということわざの［　］に入る言葉は？

① 助け　② 用心　③ つえ

答え ▶ 82ページ

言葉の知識

8 ことわざ②

目標 10分　月　日　とく点　点

1 次の文は、□のどのことわざの意味を表していますか。一つずつ選んで、□に記号を書きましょう。（一つ10点【50点】）

① もめごとがあった後は、かえって前よりも、よいじょうたいになること。 □

② わずかなものをもとにして、ねうちの高いものを手に入れる。 □

③ 自分からすすんで、あぶないところに入り、わざわいを受けること。 □

④ いくら努力しても、手応えやききめがなく、むだになること。 □

⑤ 二つのものを一度に手に入れようとして、どちらも手に入れられない結果となる。 □

ア　えびでたいをつる
イ　あぶはち取らず
ウ　ぬかにくぎ
エ　雨ふって地固まる
オ　飛んで火に入る夏の虫

「あぶはち」は、虫の「あぶ」と「はち」のことを言っているんだよ。

2

①〜④の「　」は、下の意味を表すことわざです。□にあてはまる漢字一字を書きましょう。 一つ5点【20点】

① 「苦しい時の□だのみ」……ふだん信心のない人が、こまったときに神仏にたよる。

② 「□の上にも三年」……何事もしんぼう強く行えば、必ず成功する。

③ 「□とスッポン」……くらべものにならないほどちがうこと。

④ 「□よりだんご」……見て美しいものよりも、役立つもののほうがよい。

3 書く力

次の（　）に合う言葉を書き、――線のことわざを使った文を完成させましょう。 一つ10点【30点】

① けんじさんは、まるで馬の耳に念仏のように、何を言っても（　　　　）。

② 弟はまだ（　　　　）ので、文字ばかりの本をあげてもねこに小判だ。

③ 算数の得意なたけしくんが、かんたんなわり算の問題を（　　　　）のは、さるも木から落ちるだ。

クイズ

「ぬかにくぎ」とにた意味のことわざは？

① 身から出たさび　② 急がば回れ　③ のれんにうでおし

答え ▶ 82ページ

故事成語

目標 10分　月　日　とく点　点

1 次の故事成語の意味を□から一つずつ選んで、□に記号を書きましょう。　一つ8点【48点】

① 五十歩百歩 □

② 蛇足 □

③ 漁夫の利 □

④ 蛍雪の功 □

⑤ 温故知新 □

⑥ 推敲 □

使われている漢字がヒントになるものもあるね。

ア　余計なものをつけ加えて、全体をだめにしてしまうこと。

イ　二人が争っている間に、別の人が利益を横取りしてしまうこと。

ウ　文章や詩などに使う言葉を、よりよくすること。

エ　少しのちがいはあるが、それほど大きくは変わらないこと。

オ　古いものごとをよく研究して、そこから新しい知識や考え方をえること。

カ　苦労して勉学にはげみ、成功をおさめること。

書く力 2 ①〜④が□の故事成語の意味になるように、（　）に言葉を書きましょう。 一つ8点【32点】

① 矛盾…つじつまが（　　）こと。

② 杞憂…しなくてもよい（　　）をすること。

③ 四面楚歌…周りが（　　）ばかりの様子。

④ 切磋琢磨…仲間どうして（　　）合って、勉強や仕事に力をつくすこと。

3 次のうち、――線の故事成語の使い方が正しいほうの文を選んで、（　）に○をつけましょう。 一つ10点【20点】

①
- ア（　）心のこもった手紙だったが、差し出し人の名前がないのが蛇足だった。
- イ（　）せっかく上手にかけた風景画だが、落ちていたごみまでかいたのは蛇足だった。

②
- ア（　）マラソンをと中きけんした人を、ばかにはしない。わたしも何度も休んだから、五十歩百歩だ。
- イ（　）わたしの家から学校までは、五十歩百歩の近さだ。

クイズ

「雨垂れ□をうがつ」という故事成語の、□に入るのは？

① あな　② 土　③ 石

答え ▶ 82ページ

たとえを使った言い方

目標 10分　月　日　とく点

1 次の（　）にあてはまる言葉を、□から一つずつ選んで書き、たとえを使った言い方の文を完成させましょう。 一つ6点【42点】

① （　　　）のようにゆっくり少しずつ進む。

② （　　　）みたいに空を飛べたらなあ。

③ 車が（　　　）のように小さく見える。

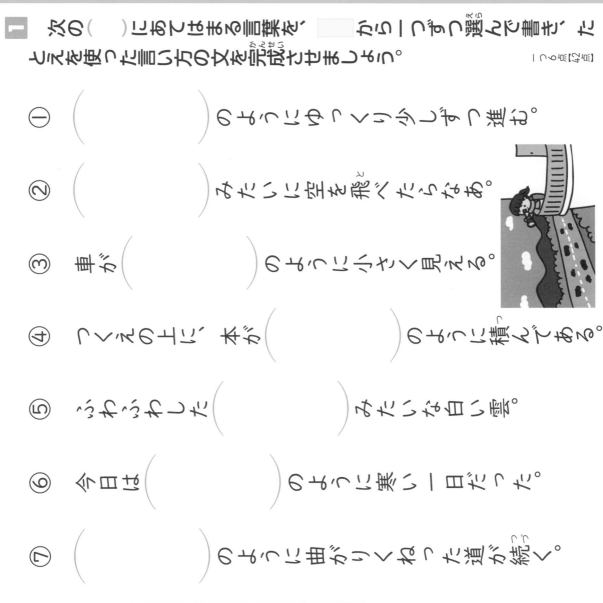

④ つくえの上に、本が（　　　）のように積んである。

⑤ ふわふわした（　　　）みたいな白い雲。

⑥ 今日は（　　　）のように寒い一日だった。

⑦ （　　　）のように曲がりくねった道が続く。

山	羊	鳥	かめ
あり	へび	真冬	

たとえを使った文では、「〜のように（ような）」や、「〜みたいに（みたいな）」という言い方をよくするね。

2 次の文が、たとえを正しく使った文になるように、□にあてはまる言葉を下から一つずつ選んで、――線でつなぎましょう。【一つ6点/30点】

① □は、もみじのようだ。 ・ ・ア 年月
② □が、矢のようにすぎ去る。 ・ ・イ いちょうの葉
③ □が、もえるように赤い。 ・ ・ウ 赤ちゃんの手
④ □が、ちょうのようにひらひらまう。 ・ ・エ 雨
⑤ □が、たきのようにはげしくふる。 ・ ・オ 夕焼け空

3 次から、たとえを使った言い方の文を四つ選んで、□に記号を書きましょう。【一つ7点/28点】

ア 鳥たちが、木の上でにぎやかにさえずっている。
イ 人形の目は、まるでほう石みたいに光っていた。
ウ 朝から、風が音を立ててふいている。
エ どこからか、小さい虫の音が聞こえる。
オ 女の子は、りんごのような赤いほおをしていた。
カ 目の前を、車がすごい速さで通りすぎた。
キ 荷物を持ち上げると、鉄のかたまりのように重かった。
ク 飛行機が、大空に線を引くように飛んでいる。

□・□・□・□

クイズ

「マジシャンのすがたが□のように消える。」の、□に入るのは？

① 雲 ② きり ③ けむり

答え ▶ 82ページ

11 言葉の知識 季節の言葉

目標 10分　月　日　とく点　点

1 次の言葉は、春・夏・秋・冬のうちのどの季節とつながりが深いですか。（　）にその季節を書きましょう。　一つ4点【16点】

① もみじ・うろこ雲・くり・虫の声（　）

② ゆず湯・しも・大根・大そうじ（　）

③ 日焼け・かぶと虫・ゆり・入道雲（　）

④ たんぽぽ・つくし・入学式・お花見（　）

季節とつながりが深い言葉は、自然や行事、食べ物に関係するものが多いね。

2 次の言葉とつながりの深い季節が同じ言葉を、□から一つずつ選んで、□に記号を書きましょう。　一つ5点【20点】

① うぐいす・クローバー・あさり □

② 赤とんぼ・かかし・中秋の名月 □

③ ほたる・水着・かき氷 □

④ さざんか・マフラー・木がらし □

ア タ立　イ 年のくれ　ウ いねかり　エ 新入生

3 □の言葉は、春・夏・秋・冬のうちのどの季節(きせつ)とつながりが深いですか。二つずつ選(えら)んで、(　)に書きましょう。

一つ5点【40点】

春……(　　)・(　　)

夏……(　　)・(　　)

秋……(　　)・(　　)

冬……(　　)・(　　)

月見　ひな祭り　すすはらい　茶つみ

夜店　キャンプ　ひがん花(ばな)　雪遊び

4 次の俳句(はいく)は、春・夏・秋・冬のうちのどの季節をよんだものですか。あてはまる季節を、□に書きましょう。

一つ8点【24点】

① 暑き日を海に入れたり最上川(もがみがわ)　松尾芭蕉(まつおばしょう)

（海に入れてしまったよ）

□

② わがこゑ(え)ののこれる耳や福は内(うち)　飯田蛇笏(いいだだこつ)

（のこる耳だなあ）

□

③ 空をゆく一(ひと)かたまりの花吹雪(はなふぶき)　高野素十(たかのすじゅう)

□

クイズ

夏の「ころもがえ」は、何月一日に行う習わしかな？

① 五月　② 六月　③ 八月

答え ▶ 82ページ

12 言葉の知識 俳句・短歌・百人一首

目標 10分　月　日　とく点　点

1 俳句は「五・七・五」の十七音で、短歌は「五・七・五・七・七」の三十一音で、できた詩です。音数のまとまりごとに、俳句には二か所、短歌には四か所、|を入れましょう。

全部できて一つ10点【20点】

例（俳句）閑かさや|岩にしみ入る|蟬の声　松尾芭蕉

（俳句）

雪とけて村いっぱいの子どもかな　小林一茶

（短歌）

ゆく秋の大和（奈良県の）の国の薬師寺の塔の上なる（上にある）一ひらの雲　佐佐木信綱

短歌は、古くからあったけれど、俳句は江戸時代に生まれたものなんだよ。

2 次は、俳句とその説明文です。説明文の（　）に合う言葉を書きましょう。

一つ10点【30点】

● 赤とんぼ筑波に雲もなかりけり　正岡子規

雲一つない空に、赤とんぼがすいすいと飛んで、遠くには筑波山が見えています。①（　　　）の、晴れた日のすみきった空気が感じられます。季語は「②（　　　）」。その赤が空の③（　　　）さにはえる、さわやかな情景が目にうかびます。

3 次の短歌は「百人一首」の中の歌です。[ ]には、春・夏・秋・冬の季節のどれかが入ります。入る季節を□に書きましょう。

一つ10点【20点】

① 久方の光のどけき[ ]の日に
しづ心なく花の散るらむ
（落ち着いた心もなく　なぜさくらの花は散るのだろうか）
紀友則 □

② 奥山にもみぢふみ分け鳴く鹿の
（おく深い山で）
声聞くときぞ[ ]は悲しき
猿丸大夫 □

「百人一首」は、昔の歌人百人の短歌を一首（一つ）ずつ選んで集めたものだよ。

4 次の短歌は「百人一首」の中の歌です。[ ]に入る言葉を[ ]から一つずつ選んで、□に記号を書きましょう。

一つ10点【30点】

① [ ]夏来にけらし白妙の
（来たのだなあ）
衣ほすてふ天の香具山
（ほすという）
持統天皇 □

② [ ]鳴きつる方をながむれば
（鳴いたほうを）
ただ有明の月ぞ残れる
（明け方の月）
後徳大寺左大臣 □

③ [ ]ふりさけ見れば春日なる
（はるか遠くを望み見ると）
三笠の山にいでし月かも
（昔出ていたあの月だなあ）
阿倍仲麻呂 □

ア　ほととぎす	イ　天の原（大空）
ウ　奈良の都の	エ　春すぎて

クイズ

「春」を表す言葉はどれ？

①雪国　②雪どけ　③雪合戦

答え ▶ 83ページ

13 かくにんテスト②

名前

目標 15分

月

とく点

読む力

1 次の――線の言葉でたとえられているものを、（　）に書き出しましょう。

一つ7点【28点】

おかの上の花畑は、①ピンクのじゅうたんのようだ。青い空には、②ソフトクリームのような入道雲がわき出ている。時どき聞こえる小鳥の声は、③笛の音(ね)のようだ。わたしは、④絵のような景色(けしき)に見とれ、とても幸せな気持ちになった。

①（　　）　②（　　）

③（　　）　④（　　）

2 次の俳句(はいく)について、答えましょう。

①・②それぞれ全部できて一つ12点【24点】

- 菜(な)の花や月は東に日は西に　　与謝蕪村(よさぶそん)

① この俳句を、五音・七音・五音(おん)に分けて書きましょう。

五音（　　）・七音（　　）・五音（　　）

② 俳句には、季節(きせつ)を表す「季語(きご)」というものが入っています。この俳句の季語と、その季節を書きましょう。

季語（　　）　季節（　　）

3 次の文は、□のどの故事成語の意味を表していますか。一つずつ選んで、□に記号を書きましょう。 一つ7点【28点】

① にげられない場所に身を置いて、全力で物事にあたること。 □

② 短い間であっても、その時間がとても大事であること。 □

③ 自分を向上させるのに参考になるような、他人のよくない言葉や行動。 □

④ はじめに話したことと後で話したことが、くいちがうこと。つじつまが合わないこと。 □

ア 矛盾　イ 背水の陣　ウ 他山の石　エ 一刻千金

書く力 読む力

4 ①・②のことわざに合う場面になるように、それぞれの文の続きを書きましょう。 一つ10点【20点】

① 「泣きっ面にはち」…あわてて熱いお茶を飲んで口の中をやけどしたうえ、家を出るとき、

〔　　　　　　　　　　〕

② 「苦しい時の神だのみ」…ちこくしそうだったので、どうか早くバスが来ますようにと、

〔　　　　　　　　　　〕

答え ▶ 83ページ

14 文法 文の組み立て①

目標 10分　月　日　とく点　点

1 次の文の形は、□のどの形にあてはまりますか。一つずつ選んで、□に記号を書きましょう。（一つ5点【20点】）

① わたしの　得意科目は　国語だ。 □

② 門の　そばに　弟が　いる。 □

③ 白い　雲が　青空に　うかぶ。 □

④ 昨日の　運動会は　楽しかった。 □

ア　何が(は)―どうする。　イ　何が(は)―どんなだ。
ウ　何が(は)―何だ。　エ　何が(は)―いる(ある)。

2 次の文の――線から主語を選んで、□に記号を書きましょう。（一つ5点【20点】）

① ア わたしの　イ 家は　ウ 駅から　エ 遠い。 □

② ア そのとき、　イ ドアが　ウ ひとりでに　エ 開いた。 □

③ ア ぼくだけでなく、　イ 田中さんも、　ウ 選ばれた。 □

④ ア 森の　イ 中に、　ウ 小さな　エ 池が　オ ある。 □

主語の形には、「何が」だけではなくて、「何は」「何も」「何こそ」などもあるよ。

3 次の文の述語（じゅつご）を、（　）に書き出しましょう。 一つ5点【20点】

① 雨が、ザーザーと はげしく ふる。（　　）

② 赤い 夕日が、とても 美しい。（　　）

③ ねぼうすることが、よく ある。（　　）

④ この ねこの 名前は、ミケだ。（　　）

4 次の文の主語と述語を、（　）に書き出しましょう。 一つ5点【40点】

① 大きな 船が、八時に 港を 出る。

主語（　　） 述語（　　）

② 去年 買った 洋服は、とても きゅうくつだ。

主語（　　） 述語（　　）

③ ぼくの おじさんは、小学校の 先生だ。

主語（　　） 述語（　　）

④ かごの 中に、三つの りんごが ある。

主語（　　） 述語（　　）

クイズ

「父は、日曜日は一日中家にいる。」の主語は？

① 父は　② 日曜日は　③ 一日中

答え ▶ 83ページ

15 文法

文の組み立て②

目標 10分　月　日　とく点　点

1 次の文の——線から、意味をくわしくしている言葉（修飾語）を二つずつ選んで、□に記号を書きましょう。

両方できて一つ5点【20点】

① ア かわいい　イ 子犬が　ウ あそこに　エ いる。　□・□

② ア 赤い　イ 金魚が　ウ 水そうで　エ 泳ぐ。　□・□

③ ア 大空へ　イ 二羽の　ウ 鳥が　エ 飛び立つ。　□・□

④ ア 星が　イ たくさん　ウ ちかちか　エ 光る。　□・□

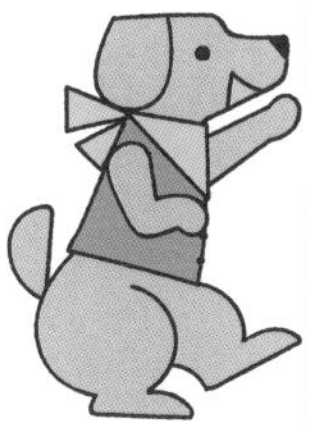

修飾語は、ものの名前を表す言葉や、動きや様子を表す言葉を、くわしくする言葉だよ。

2 次の□の修飾語がくわしくしている言葉を、例にならって、（　）に書き出しましょう。

一つ5点【20点】

例 強い 風が、急に ふく。（風が）

① めだかが、小川を すいすいと 泳ぐ。（　）

② つくえの 上に、三さつの 本が ある。（　）

③ 弟が、野原で バッタを つかまえた。（　）

④ 駅前の 交番で、ぼくは 道を たずねた。（　）

3 次の文の組み立てを、図に表しましょう。 一つ4点【36点】

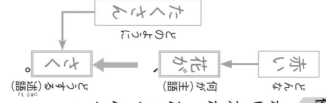

例（れい） 赤い 花が、たくさん さく。

どんな：赤い → 何が（主語）：花が、 ⇒ どうする（述語（じゅつご））：さく。
どのように：たくさん → さく

修飾語（しゅうしょくご）が、どの言葉をくわしくしているのかに気をつけてね。

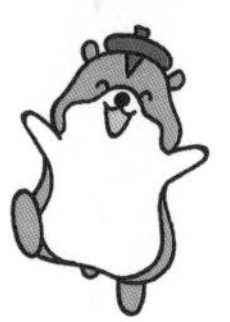

① 強い 風が、ぼうしを 飛（と）ばした。

ア どんな → イ 何が（主語）、 ⇒ ウ どうする（述語）。
エ 何を → ウ

② 大好（だいす）きな 選手（せんしゅ）が、あざやかに ゴールを 決めた。

ア どんな → イ だれが（主語）、 ⇒ ウ どうする（述語）。
エ どのように → ウ
オ 何を → ウ

4 次の文の主語と述語を一つずつ、修飾語を二つ、□に書きましょう。 一つ3点【24点】

① 長い 話が、やっと 終わった。

主語	述語	修飾語	

② 風が、やさしく ほおを なでる。

主語	述語	修飾語	

クイズ

「妹は 八月で 七才だ。」で、修飾語はどれ？

① 妹は　② 八月で　③ 七才だ

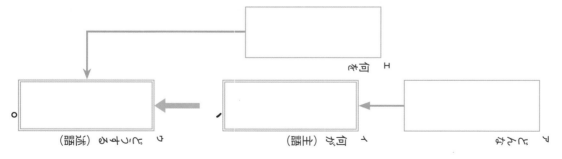

答え ▶ 83ページ

16 読みやすい文・正しく伝わる文①

目標 10分　月　日　とく点　点

1 次の文の読点（、）は、どのようなところに打たれていますか。□から一つずつ選んで、□に記号を書きましょう。

一つ8点【40点】

① 登山の参加者は五人、出発は七時です。 □

② 雲が多い。でも、太陽は顔を出している。 □

③ 母に、「早く帰ってきてね。」と言われた。 □

④ 青虫が、みかんの葉の上にいる。 □

⑤ はい、宿題はようやく終わりました。 □

ア　主語を表す「は」や「が」のあと。
イ　言葉や意味の切れ目をはっきりさせたいところ。
ウ　文と文とをつなぐ言葉のあと。
エ　感動やよびかけ、返事などを表す言葉のあと。
オ　文の中の「　」でかこんだ会話文の前。

読点は、文を読みやすく、また、意味をわかりやすくする役目があるんだね。

2 次の文に読点(とうてん)(、)を一つずつ打って、読みやすい文にしましょう。 一つ6点【30点】

① 雨がやんだので出かけることにしよう。

② ああ君のその意見はもっともだね。

③ わたしは健康(けんこう)に気をつけています。

④ 友達(ともだち)が「顔色がよくないね。」と言った。

⑤ 会議(かいぎ)は午後三時開始で場所は図書室です。

3 次の文の読点(、)の打ち方が適切(てきせつ)なものには○を、不適切(ふてきせつ)なものには×を、(　)につけましょう。 一つ6点【30点】

① (　) ぼくは「早く出かけよう。」、と思いました。

② (　) さあ、みんなおやつのケーキを食べようか。

③ (　) 秋の、遠足はとなり町の山でのもみじがりと決まった。

④ (　) 夕食までには時間がある。そこで、ジョギングに出かけることにした。

⑤ (　) さわやかな風がわか葉の出始めた、えだをゆらゆらとゆらしている。

クイズ

「にわにはAにわBにわとりがCいる。」に読点を二つ打つなら、どことどこ？

① AとB　② AとC　③ BとC

答え ▶ 84ページ

17 読みやすい文・正しく伝わる文②

目標 10分　月　日　とく点　点

1 次の文がアとイの意味になるように、読点(、)を一つ打って、〔　〕に書きかえましょう。　一つ8点【32点】

① わたしは山田君と川口君に頭を下げた。

ア 頭を下げたのはわたしだけだという意味の文に

〔　　〕

イ 頭を下げたのは、わたしと山田君だという意味の文に

〔　　〕

② 父は笑って出かけるわたしに手をふった。

ア 笑っているのは父だという意味の文に

〔　　〕

イ 笑っているのはわたしだという意味の文に

〔　　〕

書く力 **2** 次の文が「『はいしゃ』に行く予定だ」という意味になるように、①は読点(、)を一つ打って、②は語の順番を入れかえて、〔　〕に書きかえましょう。　一つ10点【20点】

● 明日はいしゃに行く予定だ。

① 〔　　〕

② 〔　　〕

書く力 3 次の文を、［　］の指示(しじ)にしたがって正しい文・わかりやすい文に直し、〔　〕に書きましょう。 一つ10点【30点】

① わたしの願(ねが)いは、マラソンに強くなりたいです。

主語と述語(じゅつご)が対応(たいおう)するように、「なりたいです」を書き直した文に

〔　　　〕

② きれいな母の着物が、わたしは大好(だいす)きだ。

語の順番(じゅんばん)を入れかえて、「きれいな」のは「着物」だという文に

〔　　　〕

③ ぼくは、兄は今とても苦しい時だろう。

主語に対応する述語を書き加(くわ)えた文に

〔　　　〕

書く力 4 次の、主語が同じ三つの文を、読みやすいように一つの文にまとめて、〔　〕に書きましょう。 【18点】

● 子犬が、そばによって来た。子犬が、クーンと鳴いた。子犬が、ぼくを見上げた。

〔　　　〕

クイズ

「父が、くるまで待っている。」で、待っているのはだれ？

① 父　② くるま　③ わたし

答え ▶ 84ページ

18 かくにんテスト③

名前

目標 15分　月　日　とく点

読む力

1 次の――線の言葉について、①の述語と、②の修飾語と、③の主語を、それぞれ（　）に書き出しましょう。
一つ8点【24点】

①わたしは、先週の日曜日、電車で、いとこの家に行った。駅でおりて、駅前の文ぼう具店で目印の神社の場所をたずねた。すると、お店の人が親切に②教えてくれた。にぎやかな通りをぬけると、神社があり、いとこの家はその少し③先だった。

①（　　）　②（　　）

③（　　）

2 次の文が［　］の意味になるように、読点（、）を一つ打って、〔　〕に書きかえましょう。
一つ10点【20点】

① わたしは中村君と森山君に入会をすすめた。

入会をすすめたのは、わたしと中村君だという意味の文に

〔　　〕

② 母は立って遠くを見ている父に声をかけた。

立っているのは父だという意味の文に

〔　　〕

3 次の文の組み立てを、□と□にあてはまる言葉を入れて、図に表しましょう。

一つ4点【36点】

① 大きい犬が、ワンワンとほえた。

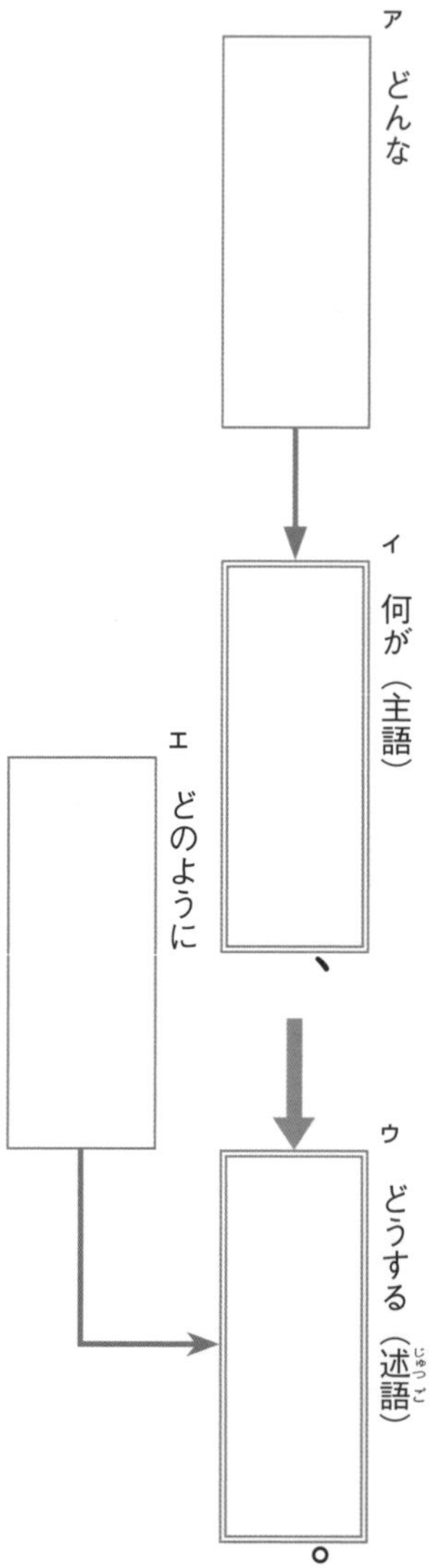

② 青い花が、道ばたにひっそりとさく。

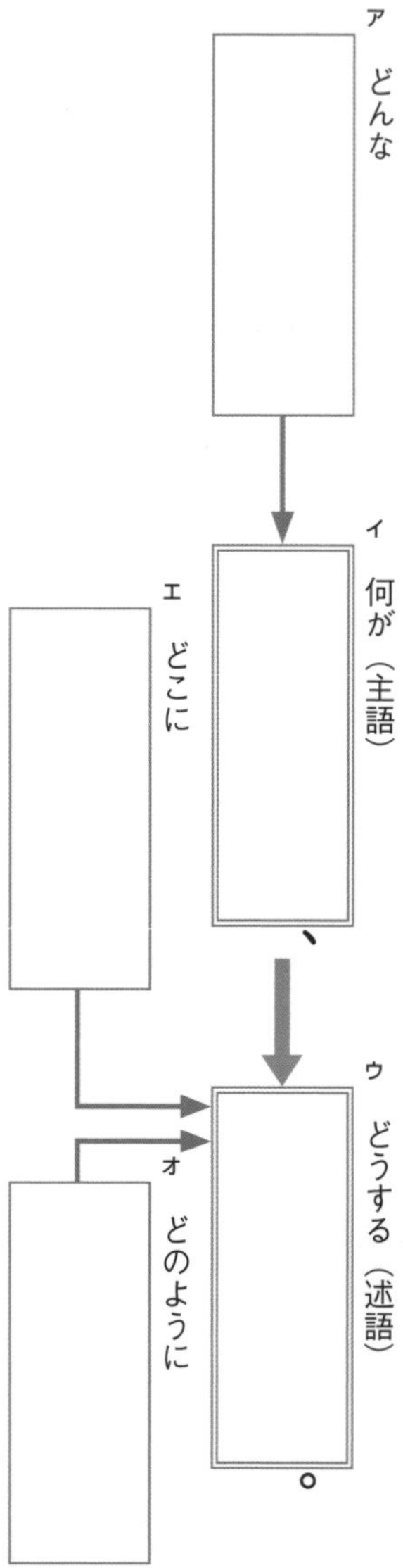

書く力

4 次の文が□の意味になるように、読点（、）を一つ打つか、語の順番を入れかえるかして、〔　〕に書きましょう。

一つ10点【20点】

① わたしは母と父が帰るのを待っていました。

待っているのはわたし一人だという意味の文に

〔　　　　〕

② 大きな実がなった木が一本見える。

大きいのは木だという意味の文に

〔　　　　〕

答え ▶ 84ページ

19 文法 つなぎ言葉①

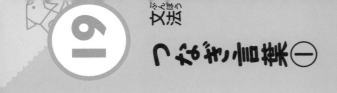

1 次の（　）に、「だから」か「しかし」のうち、あてはまるほうの言葉を選んで、書きましょう。　一つ8点【24点】

① 一時間も考えた。（　　　）、問題はとけなかった。

② みんなでそうじをした。（　　　）、早くすんだ。

③ 外は寒そうだ。（　　　）、コートを着たほうがいい。

前の文の内容と後の文の内容が、どういう関係になっているかに注意してね。

2 ①～③で、それぞれ二つの文が同じ意味になるように、（　）に「ので」か「のに」のどちらかを書きましょう。　一つ8点【24点】

① 雨がふり出した。しかし、試合は続けられた。

＝雨がふり出した（　　　）、試合は続けられた。

② 海水浴に行った。だから、日に焼けた。

＝海水浴に行った（　　　）、日に焼けた。

③ 地図を持っていった。でも、道にまよった。

＝地図を持っていった（　　　）、道にまよった。

3 次の——線のつなぎ言葉と同じ働きをする言葉を、［　］から一つずつ選んで、（　）に書きましょう。 一つ7点【28点】

① 春が好き？ それとも秋が好き？（　　）

② さて、あの人はお元気でしたか。（　　）

③ 野菜を買った。さらに、肉も買った。（　　）

④ 日が出てきた。しかし、はだ寒い。（　　）

［でも　そのうえ　ところで　または］

書く力 **4** 次の二つの文を、つなぎ言葉を使って一つの文にして、〔　〕に書きましょう。 一つ12点【24点】

① 図書館へ行った。休館日で入れなかった。
〔　　〕

② 雨がふり出した。野球の試合は中止になった。
〔　　〕

クイズ
「だから」と同じ働きの言葉は？
① しかし ② なぜなら ③ それで

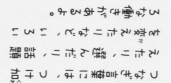

答え ▶ 84ページ

20 文法 つなぎ言葉②

目標 10分　　月　日　とく点　　点

1 次の（　）にあてはまるつなぎ言葉を［　］から一つずつ選んで、書きましょう。　一つ6点【24点】

①　よくできました。（　　　）、練習を終わります。

②　この花は色が美しい。（　　　）、かおりもよい。

③　自転車で行こうか。（　　　）、電車で行こうか。

④　ぼくが手助けしよう。（　　　）、今回だけだよ。

ただし	それに	つまり	それとも	それでは

言葉を入れてみて、意味が通じるか、よくたしかめてみてね。

2 次のつなぎ言葉と同じ働きをする言葉を下から一つずつ選んで、――線でつなぎましょう。　一つ6点【30点】

①　さて　・　　・　ア　けれども・でも

②　だから　・　　・　イ　または・あるいは

③　それとも　・　　・　ウ　では・ところで

④　しかし　・　　・　エ　それに・しかも

⑤　そのうえ　・　　・　オ　すると・それで

3 ①・②には、話し手のどんな気持ちが表れていますか。□から選んで、□に記号を書きましょう。 一つ8点【16点】

① カいっぱい走った。だから、二位だった。 □

② カいっぱい走った。でも、二位だった。 □

ア 二位になれてよかった。
イ 一位になれなくて残念だ。

書く力
4 次の文を、意味が変わらないように、つなぎ言葉を使って二つの文に分けて、〔　〕に書きましょう。 一つ10点【30点】

① のどがかわいていたから、水がおいしかった。

〔　　　　〕

② 一生けん命に走ったが、バスに間に合わなかった。

〔　　　　〕

③ 花の手入れをしたうえに、うさぎ小屋のそうじもした。

〔　　　　〕

クイズ

「よく練習した□、試合に負けた。」の□に入るのは？

① のに　② から　③ し

答え ▶ 85ページ

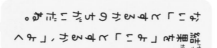

21 文法（ぶんぽう）　文末（ぶんまつ）の表し方

目標（もくひょう）10分　　月　日　とく点　点

1 ていねいな言い方のほうの文を選（えら）んで、（　）に○をつけましょう。　一つ6点【18点】

① ア（　）となりのおばさんに会いました。
　 イ（　）となりのおばさんに会った。

② ア（　）ひろし君が、まだ来ない。
　 イ（　）ひろし君が、まだ来ません。

③ ア（　）ここが入り口だ。
　 イ（　）ここが入り口です。

意味は同じでも、「です」「ます」を
使うと、ていねいな感じになるね。

2 次の――線の言い方は、話し手や書き手のどんな気持ちを表していますか。［　］から一つずつ選んで、□に記号を書きましょう。　一つ6点【18点】

① かぜをひく<u>かもしれない</u>。　□

② あの選手（せんしゅ）は、兄より足が<u>速そうだ</u>。　□

③ もう一さつ、本を借（か）りて<u>いたはずだ</u>。　□

> ア　自分の考えに、強く自信（じしん）がある。
> イ　たしかではない予想をする。
> ウ　物や人の様子をおし量（はか）る。

書く力 3

次の——線の言葉が、ふつうの言い方のときはていねいな言い方に、ていねいな言い方のときはふつうの言い方に書き直しましょう。　一つ8点【32点】

① 午後は、晴れるだろう。
（　　　　）

② ぜひ、来てね。
（　　　　）

③ ここには、だれもいません。
（　　　　）

④ 海は、とても静(しず)かでした。
（　　　　）

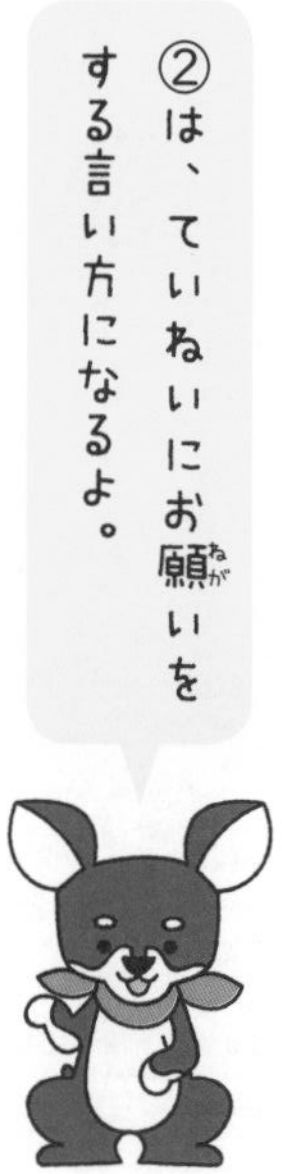

書く力 4

次の——線の言葉を、【　】の言葉を使って予想する気持ちや信(しん)じる気持ちを表す言い方に直して、（　）に書きましょう。　一つ8点【32点】

① お祭りはにぎやかになる。
【…そうだ】
（　　　　）

② 今度こそ、点が入る。
【…ちがいない】
（　　　　）

③ あの女の子は、まいごだ。
【…らしい】
（　　　　）

④ 明日の夜は、満月(まんげつ)だ。
【…はずだ】
（　　　　）

クイズ

「明日は運動会□。」のていねいな言い方は？

① だ　② である　③ です

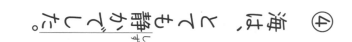

答え ▶ 85ページ

22 文法 形が変わる言葉

目標 10分

月　日

とく点　　点

1 次の文の□にあてはまる言葉を、下から一つずつ選んで、――線でつなぎましょう。 一つ6点【18点】

① 一日が□。 ・ ・ア 始める

② 一日を□。 ・ ・イ 始まり

③ 一日の□。 ・ ・ウ 始まる

2 次の――線の言葉と同じ形の言葉を、下の□から二つずつ選んで、□に記号を書きましょう。 一つ4点【32点】

① 足が速い。 □・□

② 足が速まる。 □・□

③ 足を速める。 □・□

④ 足の速さ。 □・□

ア	高さ
イ	広める
ウ	固い
エ	深まる
オ	清める
カ	細さ
キ	低い
ク	強まる

「速い」は様子を、「(～が)速まる」「(～を)速める」は動きを、「速さ」は様子の程度を表す言葉だよ。

書く力

3 次の［　］の言葉を、下の――線の言葉に続く形に直して、（　）に書きましょう。　一つ5点【20点】

① 練習が始まる。 → 練習を（　　）。

② 勝負を決める。 → 勝負が（　　）。

③ 体が動く。 → 体の（　　）。

④ 荷物が軽い。 → 荷物の（　　）。

4 次の［　］の言葉を、ア・イの文に合うように、（　）に「さ」か「み」を入れて、言いかえましょう。　一つ5点【30点】

① 楽しい
ア 毎日の楽し（　）は給食（きゅうしょく）だ。
イ 去年の旅行の楽し（　）はわすれない。

② 弱い
ア 自分の弱（　）に打ち勝つ。
イ 弟に弱（　）をにぎられる。

③ 温かい
ア 湯の温か（　）を温度計で計る。
イ 温か（　）のあるオレンジ色の服。

クイズ

動きを表す言葉はどれ？
① 高さ　② 高い　③ 高まる

答え ▶ 85ページ

23 かくにんテスト④

名前　目標 15分　月　とく点

読む力 1 次の文章を読んで、後の問題に答えましょう。

①〜③は一つ10点、④は両方できて12点【42点】

今朝、クラスの朝顔の花が、初(はじ)めて①さいた。春から、みんなで世話をしてきたのに、とてもうれしかった。□、お昼近くなったらしおれてきたので、②がっかりしました。

① ①「さいた」をていねいな言い方に直して、（　）に書きましょう。

（　　　）

② □にあてはまるつなぎ言葉を、次から一つ選(えら)んで、□に記号を書きましょう。

ア　そして　　イ　でも

ウ　また　　エ　それとも

□

③ ②「がっかりしました」をふつうの言い方に直して、（　）に書きましょう。

（　　　）

④ つなぎ言葉がまちがっているところがあります。その言葉を書き出して、正しく書き直しましょう。

まちがっている言葉　□

正しい言葉　□

2 次の（　）にあてはまるつなぎ言葉を、［　］から一つずつ選んで、書きましょう。

一つ6点【30点】

① 昨日は寒かった。（　　）、今日は暑い。

② 父は料理が好きである。（　　）、上手でもある。

③ ケーキにしようか。（　　）、プリンにしようか。

④ 雨がふりそうだ。（　　）、かさを持って行こう。

⑤ まどを開けた。（　　）、花びらがまいこんだ。

また　だから　だけど　すると　それとも

書く力

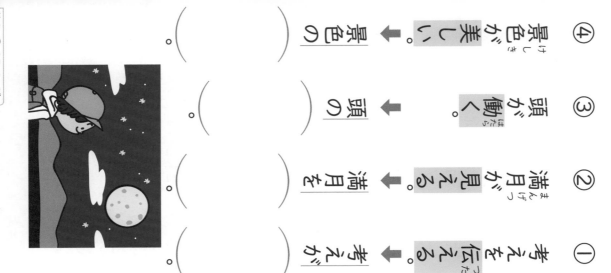

3 次の［　］の言葉を、下の——線の言葉に続く形に直して、（　）に書きましょう。

一つ7点【28点】

① 考えを伝える。→ 考えが（　　）。

② 満月が見える。→ 満月を（　　）。

③ 頭が働く。→ 頭の（　　）。

④ 景色が美しい。→ 景色の（　　）。

答え ▶ 85ページ

漢字辞典の使い方

目標 10分　　月　日　とく点　点

1 漢字辞典を使って、漢字の意味を調べます。次の＿＿のときは、どのさくいんを使うとよいですか。あてはまるものを下から一つずつ選んで、――線でつなぎましょう。　一つ6点【18点】

① 漢字の部首はわかっているとき。・

② 漢字の読み方の一つはわかっているとき。・

③ 漢字の読み方も部首もわからないとき。・

・ア 音訓さくいんを使う。

・イ 総画さくいんを使う。

・ウ 部首さくいんを使う。

漢字辞典では、漢字は部首別・音訓別・画数別に分類されているよ。

2 総画さくいんを使って、次の漢字を調べます。それぞれの漢字の総画数を、（　）に漢数字で書きましょう。　一つ4点【24点】

① 湯（　　）画　② 農（　　）画

③ 飛（　　）画　④ 建（　　）画

⑤ 発（　　）画　⑥ 熱（　　）画

3 音訓さくいんで漢字を調べます。次の場合の漢字の読みがなを（　）に書き、さくいんに出てくる順番を□に数字で書きましょう。

読み一つ4点、順番全部できて一つ3点【30点】

① 音読みがわかっている場合

	音読み	出てくる順
ア 習	（　）	□
イ 写	（　）	□
ウ 商	（　）	□

② 訓読みがわかっている場合

	訓読み	出てくる順
ア 球	（　）	□
イ 旅	（　）	□
ウ 種	（　）	□

音読みも訓読みも五十音順にならんでいるよ。音はかたかなで、訓はひらがなで書かれていることが多いことも知っておこうね！

4 部首さくいんでは、部首が画数順にのっています。次の漢字の部首を□に、その画数を（　）に漢数字で書きましょう。

両方できて一つ7点【28点】

① 雲　部首 □ ― 部首の画数（　）画

② 病　□ ―（　）画

③ 細　□ ―（　）画

④ 間　□ ―（　）画

答え ▶ 85ページ

クイズ

画数がいちばん少ないのはどれ？

① 景　② 副　③ 養

漢字の組み立て①

目標 10分　月　日　とく点

1 次の　の漢字の部分と組み合わさる部分を、下の　から一つずつ選んで□に書き、できた漢字を（　）に書きましょう。両方できて一つ6点【48点】

① 广 ＋ □ → （　）

② □ ＋ 永 → （　）

③ 周 ＋ □ → （　）

④ 是 ＋ □ → （　）

⑤ 阝 ＋ □ → （　）

⑥ □ ＋ 心 → （　）

⑦ 口 ＋ □ → （　）

⑧ 雨 ＋ □ → （　）

氵	皆	廷	非
頁	玉	ヨ	辶

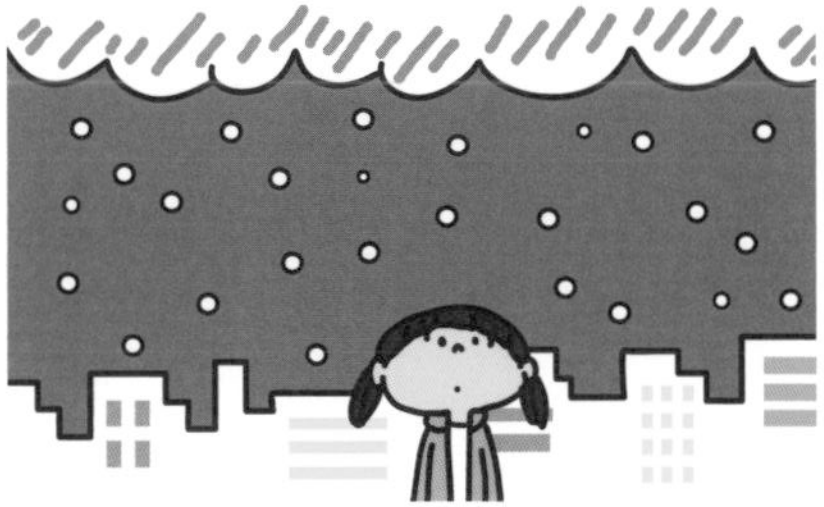

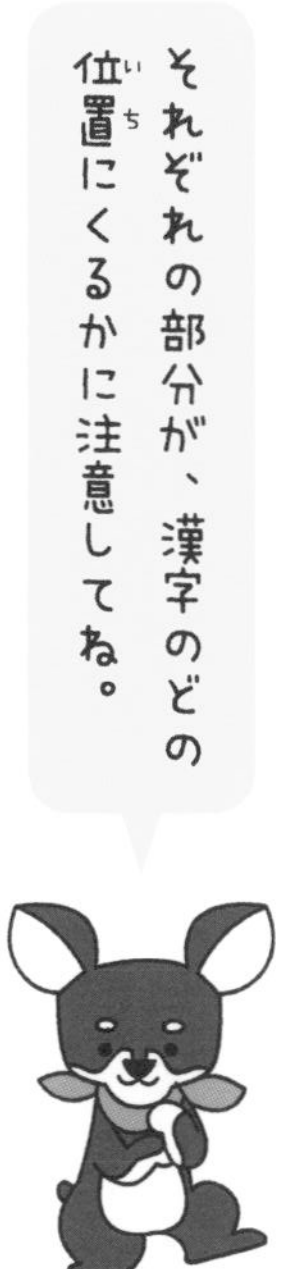

それぞれの部分が、漢字のどの位置にくるかに注意してね。

2 次の□の部首をもつ漢字を□から二つずつ選んで、□に書きましょう。

一つ2点【28点】

① へん …… □・□
② つくり …… □・□
③ かんむり …… □・□
④ あし …… □・□
⑤ たれ …… □・□
⑥ にょう …… □・□
⑦ かまえ …… □・□

点	原	起	開	始	実	列
箱	緑	園	悪	都	病	通

3 次の漢字の部分にそれぞれ共通(きょうつう)する部首をつけると、漢字ができます。□にその部首を書きましょう。

一つ4点【24点】

① 火・斗・少 □
② 古・何・洛 □
③ 占・車・ム □
④ 口・袁・古 □
⑤ 田・自・今 □
⑥ 反・東・首 □

クイズ

「□束(そく)」の□に入る漢字の部分はどれ？

①白　②月　③糸

答え ▶ 86ページ

漢字の組み立て②

目標 10分　月　日　とく点　点

1 次の□の漢字の部首を取りかえて、□にあてはまる漢字を書きましょう。また、その漢字の部首名を□から一つずつ選んで、（　）に記号を書きましょう。

漢字一つ4点、部首名一つ3点【42点】

〈部首名〉

坂
① 手紙の□事を書く。（　）
② 夕□の後に宿題をする。（　）

地
③ 貯水□の水量がへる。（　）
④ かれとは赤の□人です。（　）

特
⑤ 勝利を期□する。（　）
⑥ チョコレートを五□分する。（　）

ア にんべん　イ ぎょうにんべん
ウ しょくへん　エ たけかんむり
オ さんずい　カ しんにょう（しんにゅう）

文の意味に合っていて、形のにた漢字を考えよう。

2 次の――線の漢字の部首は、どんな意味をもっていますか。□から一つずつ選んで、（　）に書きましょう。 一つ7点【28点】

① まいた種が芽を出す。（　）

② 毎日、学校に通う。（　）

③ 買い物にでかける。（　）

④ 別室で待っている。（　）

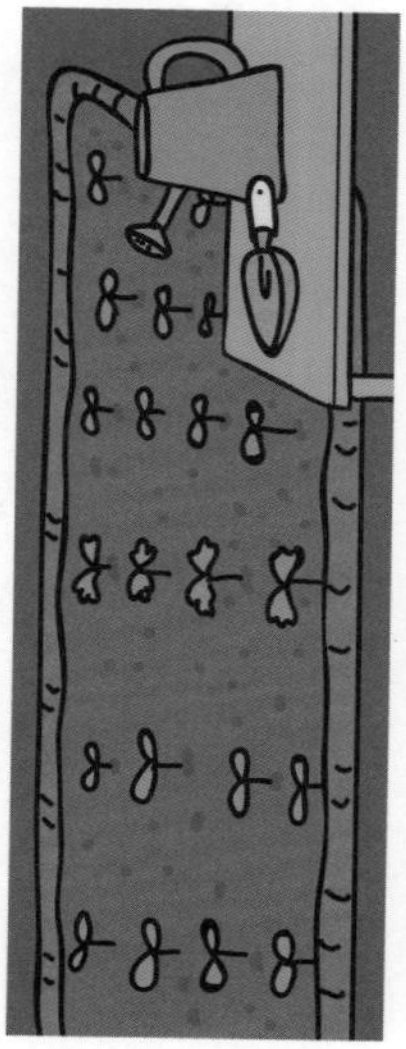

家　金　植物　進む

「室」の「宀」は屋根の形を表しているんだよ。

3 次の漢字の部首名を□から一つずつ選んで、□に記号を書きましょう。 一つ5点【30点】

① 空 □　② 改 □　③ 熱 □

④ 祝 □　⑤ 発 □　⑥ 隊 □

ア こざとへん　イ しめすへん　ウ うかんむり
エ あなかんむり　オ はつがしら　カ おおざと
キ ぼくにょう（のぶん）　ク れんが（れっか）

クイズ
部首の種類が「にょう」の漢字はどれ？
① 遊　② 宿　③ 図

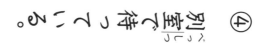

答え ▶ 86ページ

漢字の知識

27 漢字の音と訓

目標 10分　月　日　とく点　点

1 次の□の漢字の読み方は、下の——線の漢字のどちらの読み方と同じですか。同じほうの（　）に○をつけましょう。　一つ3点【12点】

① 貨物列車が通る。……ア（　）生物　イ（　）書物

② 交通が不便だ。……ア（　）便利　イ（　）航空便

③ 無事をいのる。……ア（　）無礼　イ（　）無害

④ 紙くず同然だ。……ア（　）天然　イ（　）自然

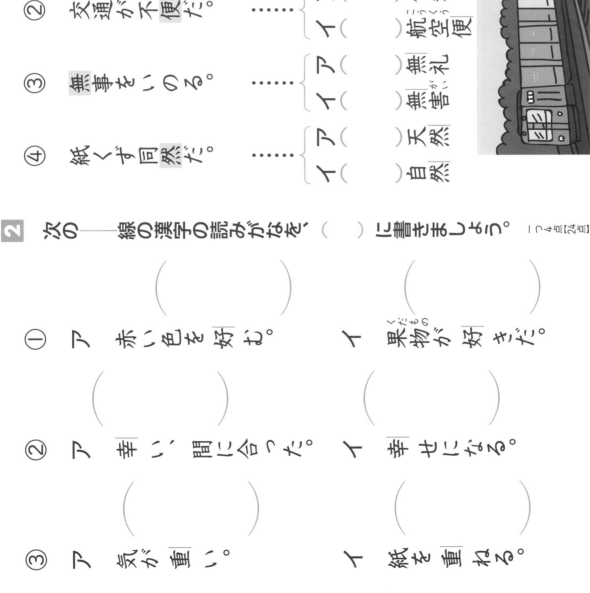

2 次の——線の漢字の読みがなを、（　）に書きましょう。　一つ4点【24点】

① ア 赤い色を好む。（　）　イ 果物が好きだ。（　）

② ア 幸い、間に合った。（　）　イ 幸せになる。（　）

③ ア 気が重い。（　）　イ 紙を重ねる。（　）

3 次の□にあてはまる、同じ音読み(おんよ)の言葉を書きましょう。 一つ4点【32点】

① ア 学級[いいん]　イ 歯科[いいん]

② ア 自分[じしん]　イ [じしん]をもつ。

③ ア [かいてん]祝(いわ)い　イ [かいてん]木馬

④ ア [じどう]ドア　イ [じどう]公園

二字のうち、一字が同じ漢字になる言葉もあるよ。

4 次の□にあてはまる、同じ訓読み(くんよ)の漢字を書きましょう。 一つ4点【32点】

① ア 今日は[あつ]い。　イ 湯が[あつ]い。

② ア 考えが[あ]う。　イ 友達(ともだち)に[あ]う。

③ ア 目が[さ]める。　イ お茶が[さ]める。

④ ア ビルが[た]つ。　イ うわさが[た]つ。

クイズ 音読みと訓読みの両方があるのはどれ？

① 料　② 佐　③ 底

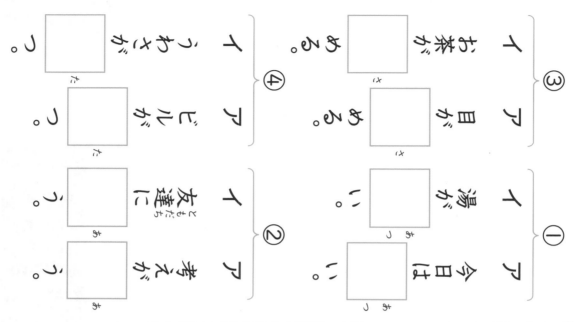

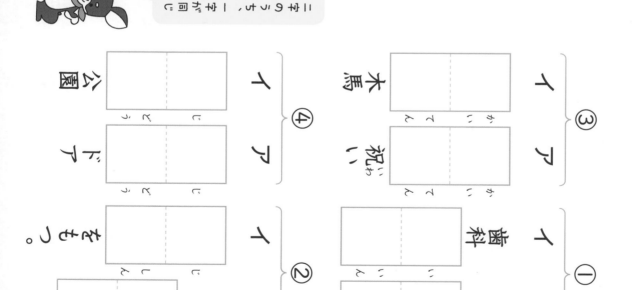

答え ▶ 86ページ

28 漢字の知識（ちしき）

漢字と送りがな

目標 10分　月　日　とく点　点

1 「急ぐ」の送りがなを、それぞれの（　）に合う形に直して書きましょう。

一つ4点【20点】

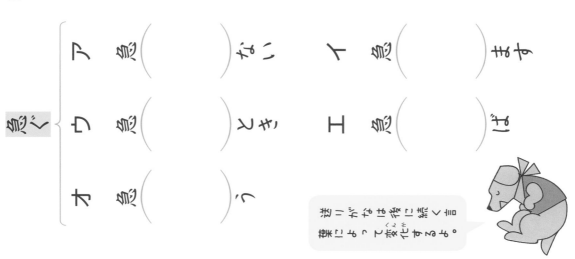

急ぐ
- ア 急（　）ない
- イ 急（　）ます
- ウ 急（　）とき
- エ 急（　）ば
- オ 急（　）う

送りがなは後に続く言葉によって変化（へんか）するよ。

2 次の言葉を［　］の言い方にすると、下の言葉になります。□にあてはまる送りがなを書きましょう。

一つ4点【20点】

① 通る…［動作がすんだ言い方に］→ 通□た

② 泳ぐ…［打ち消す言い方に］→ 泳□ない

③ 習う…［ていねいな言い方に］→ 習□ます

④ 配る…［他の人によびかける言い方に］→ 配□う

⑤ 飲む…［ていねいで、動作がすんだ言い方に］→ 飲□ました

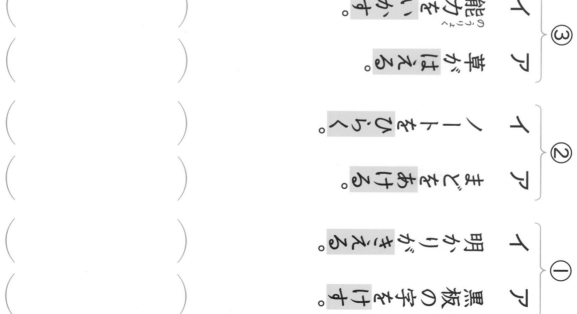

3 次の　の言葉を、漢字と送りがなで（　）に書きましょう。 一つ5点【30点】

① ア 黒板の字を**けす**。（　　）
　 イ 明かりが**きえる**。（　　）

② ア まどを**あける**。（　　）
　 イ ノートを**ひらく**。（　　）

③ ア 草が**はえる**。（　　）
　 イ 能力（のうりょく）を**いかす**。（　　）

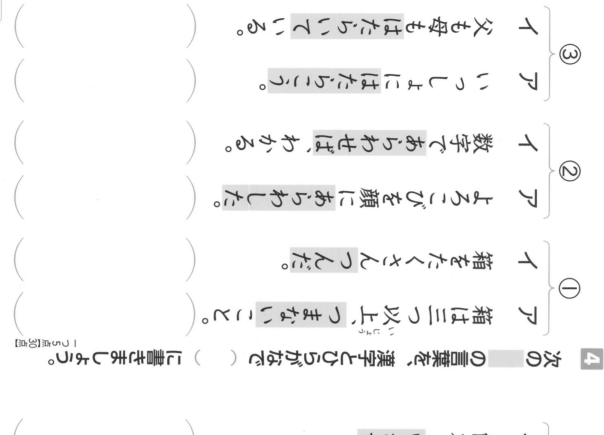

4 次の　の言葉を、漢字とひらがなで（　）に書きましょう。 一つ5点【30点】

① ア 箱は三つ以上（いじょう）、**つまない**こと。（　　）
　 イ 箱をたくさん**つんだ**。（　　）

② ア よろこびを顔に**あらわした**。（　　）
　 イ 数字で**あらわせば**、わかる。（　　）

③ ア いっしょに**はたらこう**。（　　）
　 イ 父も母も**はたらいて**いる。（　　）

クイズ

「ながれる」を漢字を使って書くとき、送りがなが正しいのはどれ？

① 流がれる　② 流れる　③ 流る

答え ▶ 86ページ

29 漢字の知識(ちしき)

まちがえやすい漢字

目標(もくひょう) 10分

月　日

とく点　　点

1 次の文に合うほうの漢字を選(えら)んで、（　）に○をつけましょう。　一つ5点【20点】

① 転んで、ひざから｛ア（　）皿／イ（　）血｝が出た。

② クラブへの入会を｛ア（　）申／イ（　）由｝しこむ。

③ 新しい道｛ア（　）具／イ（　）貝｝を発明する。

④ 大変(たいへん)｛ア（　）矢／イ（　）失｝礼しました。

2 次の——線の送りがなが正しいものには○を、まちがっているものには正しい漢字と送りがなを、（　）に書きましょう。　一つ6点【24点】

① 少い時間をうまく使う。（　　）

② どちらを買おうか、考える。（　　）

③ 友達(ともだち)に短かい手紙を書く。（　　）

④ 必らず五時までに帰る。（　　）

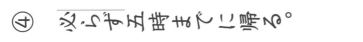

送りがなの付(つ)け方(かた)にはルールがあるけど、
今は何度も書いて覚(おぼ)えることが大事だよ。

3 次の――線の言葉を、漢字と送りがな、または漢字だけで（　）に書きましょう。

一つ6点【36点】

① 家を妹よりはやく出た。（　　）

② ズボンにどろがつく。（　　）

③ 池のまわりを走る。（　　）

④ 問題はいがいにやさしかった。（　　）

⑤ ぼくもきかいがあれば行きたい。（　　）

⑥ 百科（ひゃっか）じてんで調べる。（　　）

4 次の□は、漢字二字で特別（とくべつ）な読み方をする言葉です。読み方を、ひらがなで（　）に書きましょう。

一つ4点【20点】

① 今朝は六時に起きた。（　　）

② まるで大人のような話し方をする。（　　）

③ 急いで部屋の中をかたづける。（　　）

④ 二人で、よく話し合う。（　　）

⑤ 姉は絵がとても上手だ。（　　）

クイズ

「借（か）りた本を□す。」の□にあてはまる漢字はどれ？

① 帰　② 辺　③ 返

答え ▶ 86ページ

30 かくにんテスト⑤

名前

目標(もくひょう) 15分

月

とく点

読む力 **1** 次の——線の漢字の読みがなを、音読(おんよ)みはかたかなで、訓読(くんよ)みはひらがなで、（　）に書きましょう。 一つ3点【30点】

試合(しあい)が①始まると、おうえんが開②始された。三回、味方の選手(せんしゅ)が打った③球は、④球場の外へ飛(と)んでいき、一点が入った。次の回も、相手チームは投手の⑤失投で一点を⑥失った。この試合に⑦勝つと、次は決⑧勝戦(せん)だ。わたしは⑨熱戦を見ながら、むねを⑩熱くしていた。

①（　） ②（　） ③（　）

④（　） ⑤（　） ⑥（　）

⑦（　） ⑧（　）

⑨（　） ⑩（　）

2 次の漢字の部分に、共通(きょうつう)する部首をつけると、漢字ができます。□にその部首を書きましょう。 一つ4点【16点】

① 云・列・寸 □

② 川・豆・原 □

③ 何・央・牙 □

④ 車・廷・付 □

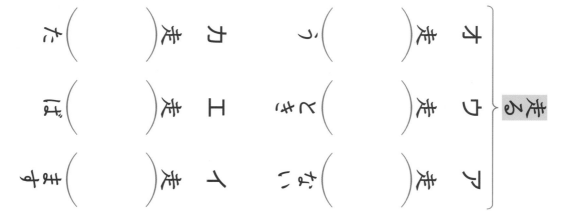

3 次の――線に合う漢字を［　］から一つずつ選(えら)んで、□に記号を書きましょう。
一つ4点【12点】

① 体育館でこうてんの練習をする。 □

② 運動会は、こうてんにめぐまれた。 □

③ 地球は太陽を中心にこうてんする。 □

ア 好転　イ 公転　ウ 後転　エ 好天

4 「走る」の送りがなを、それぞれの（　）に合う形に直して書きましょう。
一つ3点【18点】

走る

ア 走（　）ない　イ 走（　）ます

ウ 走（　）とき　エ 走（　）ば

オ 走（　）う　カ 走（　）た

5 次の言葉を、漢字と送りがなで（　）に書きましょう。
一つ4点【24点】

① はぐくむ（　）　② おぼえる（　）

③ くるしい（　）　④ しあわせ（　）

⑤ つめたい（　）　⑥ みずから（　）

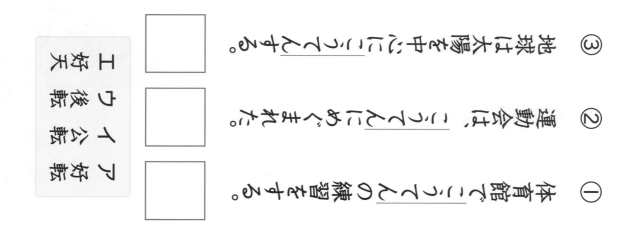

答え ▶ 87ページ

漢字の知識

31 熟語(漢字の組み合わせ)①

目標 10分　月　日　とく点

1 次の漢字とにた意味をもつ漢字を、□から一つずつ選んで□に書き入れ、熟語を完成させましょう。　一つ3点【24点】

① 起□　② □覚　③ 生□

④ □習　⑤ 参□　⑥ □足

⑦ 衣□　⑧ □画

加　絵　感　立　産　学　服　満

2 □から反対の意味をもつ漢字を一つずつ選んで熟語を作り、(　)に書きましょう。　一つ4点【24点】

・(　　)　・(　　)

・(　　)　・(　　)

・(　　)　・(　　)

苦　始　買　他　低　勝

自　負　高　売　終　楽

答える順番は自由だよ。わかった熟語から、書いていこう。

3 次の□の意味を表すように、①〜③は上の漢字が下の漢字をくわしくする熟語を、④・⑤は下の漢字が上の漢字をくわしくする熟語を作り、□に書きましょう。 一つ8点【40点】

① かわのそこ……□□

② ちのした……□□

③ てつのいた……□□

④ やまにのぼる……□□

⑤ ひをけす……□□

④と⑤は、二つの漢字のどちらが上にくるのか、注意してね。

4 「不」「未」「無」のうち、あてはまる一字を□に書き入れ、上の漢字が下の漢字の意味を打ち消す熟語を完成させましょう。 一つ4点【12点】

① □開の森をたんけんする。

② この虫は、畑の野菜にとって□害だ。

③ 天候の□順な日が続いている。

クイズ

にた意味の漢字の組み合わせでないものはどれ？

① 児童 ② 寒冷 ③ 遠近

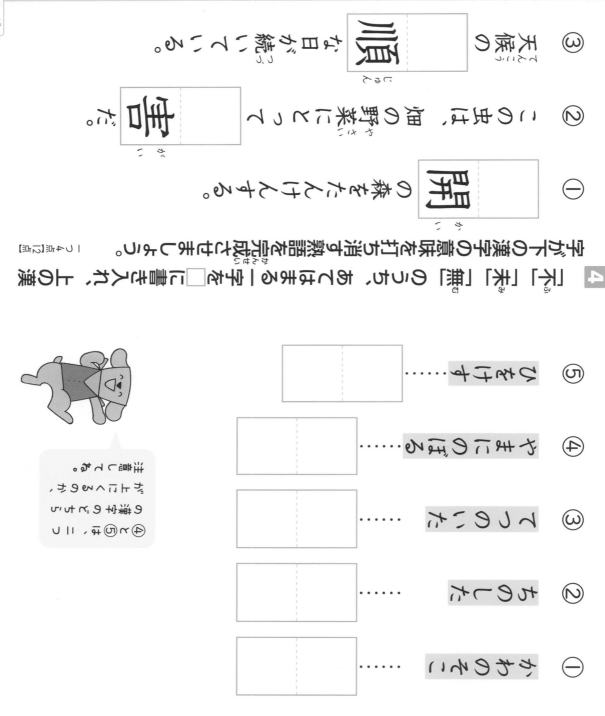

答え ▶ 87ページ

32 漢字の知識
熟語（漢字の組み合わせ）②

目標 10分　月　日　とく点　点

1 ①〜⑥が三字の熟語になるように□から漢字を一字ずつ選んで、□に書きましょう。

一つ5点【30点】

① 歩道□
② □世界
③ □体験
④ 上□下
⑤ 西洋□
⑥ □不幸

風　別　幸
未　橋　中

④以外は、二字の熟語と漢字一字とからできているね。

2 次の三字の熟語の組み合わせの種類を□から一つずつ選んで、□に記号を書きましょう。

一つ6点【30点】

① 通行人□
② 無関心□
③ 要注意□
④ 衣食住□
⑤ 運不運□

ア　反対の意味の言葉を重ねたもの。
イ　上の言葉が下の言葉をくわしくするもの。
ウ　下の言葉が上の言葉をくわしくするもの。
エ　上の字が下の言葉の意味を打ち消すもの。
オ　三つの言葉が対等な関係でならぶもの。

3 次の□のひらがなを□に漢字で書き、四字の熟語になるように、上下を――線でつなぎましょう。

両方できて一つ5点【20点】

① 相談(そうだん)・　・せいかつ　□□

② 共同(きょうどう)・　・しじゅう　□□

③ 意味・　・あいて　□□

④ 一部・　・ふめい　□□

四字の熟語は、二字の熟語を組み合わせたものが多いよ。

4 次の四字の熟語の組み合わせの種類(しゅるい)を□から一つずつ選(えら)んで、□に記号を書きましょう。

一つ5点【20点】

① 一長一短　□

② 工場見学　□

③ 努力不足(どりょくぶそく)　□

④ 自給自足(じきゅうじそく)　□

ア　上の言葉が主語、下の言葉が述語(じゅつご)になっているもの。

イ　上の言葉が下の言葉をくわしくするもの。

ウ　にた意味の言葉を重ねたもの。

エ　反対の意味の言葉を重ねたもの。

クイズ

三つの言葉が対等な関係(かんけい)でならぶものはどれ？

① 登山家　② 松竹梅(しょうちくばい)　③ 新発見

答え ▶ 87ページ

33

漢字の知識（ちしき）

熟語（じゅくご）の意味①

目標（もくひょう） 10分

月　日

とく点　　点

1 ①～③が次の――線の意味の熟語（じゅくご）になるように、□にあてはまる漢字を□から一字ずつ選（えら）んで書きましょう。　一つ5点【15点】

① ずっとだまっている。　無（む）□

② 計画はまだ決まっていない。　未（み）□

③ お金がたりない。　不（ふ）□

足　安　定
力　言　知

「無」「未」「不」は、下の漢字の意味を打ち消しているんだよ。

2 次の□の二つの言葉を組み合わせて、二字の熟語（じゅくご）を作り、□に書きましょう。　一つ5点【25点】

① 加（くわ）わる ＋ 入る → □□

② 願（ねが）う ＋ 望（のぞ）む → □□

③ 回る ＋ 転がる → □□

④ 勝つ ＋ 敗れる → □□

⑤ 多い ＋ 少ない → □□

3 次の［　］の言葉と反対の意味の熟語になるように、□にあてはまる漢字を書きましょう。　一つ5点【40点】

① 右折 ↕ □折
② 長所 ↕ □所
③ 前方 ↕ □方
④ 出席 ↕ □席
⑤ 登校 ↕ □校
⑥ 自力 ↕ □力
⑦ 最良 ↕ 最□
⑧ 点火 ↕ □火

4 ［　］から漢字を二つずつ選んで、①～④の意味を表す二字の熟語を作り、□に書きましょう。　一つ5点【20点】

① 何も書かれていない紙。
② 人にたのんで、言葉を相手につたえること。
③ きれいな水の流れ。
④ もっている力などをいかして使うこと。

活　言　流　用　紙　清　伝　白

クイズ

「不」を使った熟語として正しくないものはどれ？

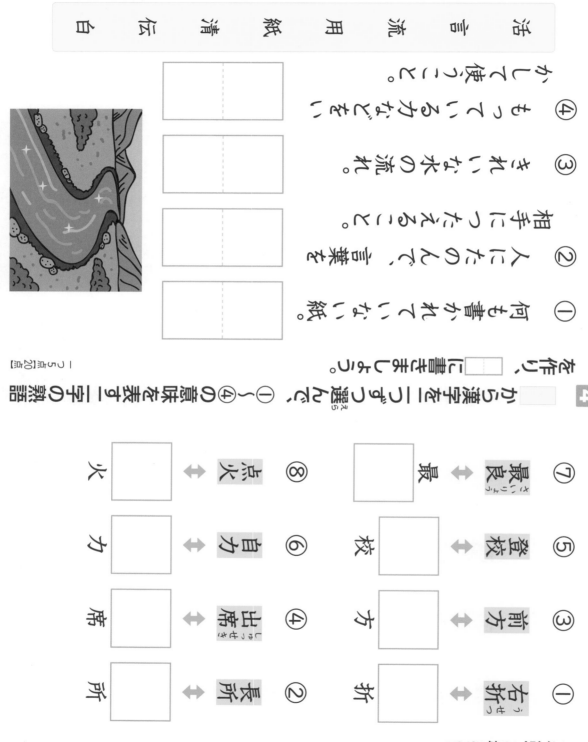

① 不運　② 不名　③ 不要

答え ▶ 87ページ

34 漢字の知識

熟語の意味②

目標 10分　月　日　とく点　点

1 次の意味を表す三字の熟語になるように、□から漢字を一字ずつ選んで、□に書きましょう。　一つ6点【24点】

① 本をよむ集まり。　書□□

② おもいやまいにかかっている人。　□□人

③ 一本のまっすぐな線。　一□□

④ 幸せな気持ち。　幸□□

感　線　会　直
重　読　病　福

2 □から二字の熟語を二つずつ選んで四字の熟語を作り、□に書きましょう。　一つ6点【24点】

・□□□□
・□□□□
・□□□□
・□□□□

列車　無欠（むけつ）　東西　意気
完全（かんぜん）　古今　投合　貨物（かもつ）

「○○の□□」、「○○が□□する」、「○○と□□」などと言いかえてみるといいよ。

3 次の意味を表す三字の熟語になるように、□に漢字を書きましょう。
一つ6点【24点】

① まだ大人になってない人。…… □成年

② 温度をはかるための道具。…… 温度□

③ 心配したり、気をくばったりすること。…… 気□労（ろう）

④ 正しい理くつや道理に合っている様子。…… 合理□

4 次の□に漢字を書き、四字の熟語を完成させましょう。また、その言葉の意味を下から一つずつ選んで、——線でつなぎましょう。
全部できて一つ7点【28点】

① 有名（ゆうめい）□□（むじつ）　・　・　ア たえず進歩すること。

② □□（にっしん）月歩（げっぽ）　・　・　イ 何かをきっかけに、心が変わること。

③ 公（こう）□（めい）正（せい）□（だい）　・　・　ウ 名前だけで、中身がともなわないこと。

④ □（しん）機（き）□（いっ）転（てん）　・　・　エ かくしだてがなく、正しくりっぱなこと。

クイズ

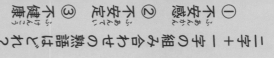

二字＋一字の組み合わせの熟語はどれ？

① 不安感（ふあんかん）　② 不安定（ふあんてい）　③ 不健康（ふけんこう）

答え ▶ 87ページ

35 かくにんテスト⑥

名前

目標 15分　月　とく点

1 次の——線の言葉の意味をもつ二字の熟語（じゅくご）を作り、□に書きましょう。　一つ4点【24点】

たけのはやし①をぬけると、急な坂道になった。道のりょうほう②のがわにはのこったゆき③があった。わたしはからだのちょうし④がよいので、そのままやまのぼり⑤を続（つづ）け、早くちょう上に着こうとこころをきめた⑥。

①□□　②□□　③□□

④□□　⑤□□　⑥□□した

2 次の組み合わせでできた二字の熟語を□から二つずつ選（えら）んで、□に記号を書きましょう。　一つ4点【32点】

① にた意味をもつ漢字を組み合わせたもの。　□・□

② 反対の意味をもつ漢字を組み合わせたもの。　□・□

③ 上の漢字が下の漢字をくわしくするもの。　□・□

④ 下の漢字が上の漢字をくわしくするもの。　□・□

ア 老木（ろうぼく）　イ 道路　ウ 生死　エ 着陸（ちゃくりく）　オ 冷水（れいすい）　カ 強弱　キ 投球　ク 暗黒

3 ▢の熟語の組み合わせの種類を下から一つずつ選んで、——線でつなぎましょう。

一つ4点【24点】

① 乗車口 •　　• ア 反対の意味の言葉を重ねたもの。

② 要不要 •　　• イ 上の字が下の言葉の意味を打ち消すもの。

③ 東西南北 •　　• ウ 上の言葉が下の言葉をくわしくするもの。

④ 説明不足 •　　• エ 上の言葉が主語、下の言葉が述語になっているもの。

⑤ 不自然 •　　• オ 一字ずつの言葉が対等な関係でならぶもの。

⑥ 多種多様 •　　• カ にた意味の言葉を重ねたもの。

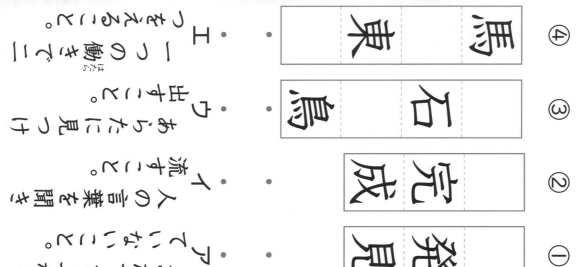

4 次の□に漢字を書き、熟語を完成させましょう。また、その言葉の意味を下から一つずつ選んで、——線でつなぎましょう。

両方できて一つ5点【20点】

① □発見 •　　• ア まだでき上がっていないこと。

② □完成 •　　• イ 人の言葉を聞き流すこと。

③ □石□鳥 •　　• ウ あらたに見つけ出すこと。

④ 馬□東□ •　　• エ 一つの働きで二つをえること。

答え ▶ 88ページ

36 まとめテスト①

名前

目標 15分　月　日　とく点　点

読む力

1 次の――線の言葉は、何にたとえられていますか。（　）に書き出しましょう。
一つ5点【20点】

今日、近くの公園で遊んだ。空に向かって飛ばした①紙飛行機は、まるで白い鳥のようだった。ベンチに、お人形のように②かわいい小さな女の子が、お母さんといた。わたがしのような③雲を指差しているその子の④赤いほおを見て、りんごみたいだと思った。

①（　　）　②（　　）

③（　　）　④（　　）

2 次の□の言葉の意味を下から一つずつ選んで、――線でつなぎましょう。
一つ4点【12点】

① 友達と話がはずむ。　・　　・ア　はね返る。

② 息がはずむ。　・　　・イ　はげしくなる。

③ ボールがはずむ。　・　　・ウ　調子よく進む。

3 ①・②の三つの慣用句の□に共通して入る、体の部分を表す言葉を、それぞれ漢字一字で□に書きましょう。
一つ7点【14点】

① □が広い――□が売れる――□から火が出る　□

② □を焼く――□が足りない――□も足も出ない　□

4 次の言葉と反対の意味の言葉を、（　）に書きましょう。

一つ6点【18点】

① すてる ↔（　　）

② 外側（そとがわ） ↔（　　）

③ 現実（げんじつ） ↔（　　）

5 次の①・②はことわざ、③・④は故事成語（こじせいご）です。□にあてはまる漢字一字を、□から選（えら）んで書きましょう。

一つ5点【20点】

① □に短したすきに長し

② ちりも積（つ）もれば□となる

③ 漁夫（ぎょふ）の□

④ 五十歩（ごじっぽ）□歩（ぽ）

百　福　山　帯（おび）　利（り）　足

6 次の俳句（はいく）について、答えましょう。

①・②それぞれ全部できて一つ8点【16点】

● 名月や池をめぐりて夜（よ）もすがら　松尾芭蕉（まつおばしょう）

（夜通し）

① この俳句を、五音（おん）・七音・五音に分けて書きましょう。

五音（　　）・七音（　　）・五音（　　）

② この俳句の季語（きご）と、その季節（きせつ）を書きましょう。

季語（　　）　季節（　　）

答え ▶ 88ページ

37 まとめテスト②

名前

目標 15分

月　日

とく点　　点

読む力 **1** 次の文章を読んで、後の問題に答えましょう。　一つ8点【40点】

　昨日は、①運動会でした。朝はくもっていたが、②「そろそろ開会式が始まる。」と思ったころ、太陽が雲間から顔を③出した。そして、最初の競技が始まった。百メートル走の六人の④選手たちが元気よくスタートし、運動会は始まったのだった。

① 「運動会でした」を他の文と同じ言い方に直して、（　）に書きましょう。

（　　　　　　）

② 「そろそろ開会式が始まる。」を、予想する気持ちを表す「…そうだ」を使って、［　］に書きかえましょう。

［　　　　　　］

③ 「出した」は述語です。その主語を、（　）に書きましょう。

（　　　　　　）

④ 「選手たち」を修飾している言葉を二つ、（　）に書きましょう。

（　　　　　　）・（　　　　　　）

書く力

2 **次の文が、□の意味になるように、読点（、）を一つ打つか、語の順番を入れかえるかして、〔　〕に書きましょう。** 【10点】

- ここではきものをぬぐことが決まりです。

ぬぐのは「はきもの」だという文に

〔　　　　　　　　　　　　　　〕

3 **次の（　）にあてはまるつなぎ言葉を□から一つずつ選んで、書きましょう。** 一つ5点【15点】

① テレビをつけた。（　　　）、音楽が流れてきた。

② 熱が出た（　　　）、一日中ねていた。

③ デザートは、アイス、（　　　）プリンです。

のに　ので　しかし　または　すると　ただし

書く力

4 **次の□の動きや様子を表す言葉を、下の文に合う形に直して、（　）に書きましょう。** 一つ7点【35点】

① 続く
- ア 毎日、練習を（　　　）。
- イ 話の（　　　）を早く聞きたい。

② 深い
- ア 日ごとに秋が（　　　）。
- イ 読書をして考えを（　　　）。
- ウ プールの（　　　）をはかってみる。

答え ▶ 88ページ

38 まとめテスト③

名前　　目標 15分　　月　日　とく点　　点

1 次の──線の言葉を漢字になおし、必(ひつ)ようなものには送りがなをつけて、(　　)に書きましょう。　一つ4点【24点】

土曜日、①ゆうはん作りのお手伝(てつだ)いをした。おかずの②ざいりょうの③やさいをあらったり、食たくに④しょっきをならべたりした。お手伝いをする中で、⑤あついなべの取りあつかいには⑥ようちゅういだと思った。

①(　　)　②(　　)　③(　　)

④(　　)　⑤(　　)　⑥(　　)

2 次の▒の部分が部首の漢字を、□から二つずつ選(えら)んで、□に書きましょう。　一つ3点【12点】

① □…□・□

② □…□・□

祝　然　歌　児　強　暑　利　牧

3 次の□にあてはまる漢字を書きましょう。　一つ4点【16点】

① ア きげんを□(なお)す。
　 イ かぜを□(なお)す。

② ア □□(きゅうよう)で外出する。
　 イ □□(きゅうよう)をとる。

4 次の――線の漢字の読みがなを、音読み(おんよみ)はかたかなで、訓読み(くんよみ)はひらがなで、(　)に書きましょう。 一つ3点【12点】

① 勇気ある少年が、勇んでぼうけんの旅に出た。(　　)(　　)

② ふん末の薬を、末っ子に飲ませる。(　　)(　　)

5 次の□の熟語(じゅくご)と熟語の組み合わせが同じになるように、□の漢字を使って熟語を二つずつ作り、□に書きましょう。 一つ3点【18点】

① 長短…□・□

② 青空…□・□

③ 加熱(かねつ)…□・□

低　校　小　高
親　朝　転　着
大　席　友　日

6 次の□に□の漢字を書き入れ、熟語を完成(かんせい)させましょう。 一つ3点【18点】

① □世界

② 深海□

③ □健康(けんこう)

④ 公明□大

⑤ □全地帯(ちたい)

⑥ 起死□生

安　回　不　魚　正　銀

答え ▶ 88ページ

答えとアドバイス

▼まちがえた問題は、もう一度やり直しましょう。
▼アドバイスを読んで、参考にしてください。

1 いろいろな意味をもつ言葉 5～6ページ

1 ①オ ②カ ③ウ ④イ ⑤ア ⑥エ
2 ①イ ②エ ③ア ④ウ
3 ①ウ・カ ②ア・エ ③イ・オ〈順不同〉
4 ①でる ②ひく ③はる ④つく

クイズ ②（①と③は「ひっかけてとめる」、②は「浴びせる」という意味です。）

アドバイス

3 ア～カの「手」の部分を、①～③の言葉に置きかえてみましょう。

2 にた意味の言葉・反対の意味の言葉 7～8ページ

1 ①ウ ②ア ③エ ④イ
2 ①ウ ②オ ③ア ④イ
3 ①例 朝夕は寒さを感じる。
②例 コップから水がこぼれる。
③例 急いで家を出る。
④例 おまわりさんは、町の地理にくわしい。
4 ①少ない ②おそい ③ふえる（ます）
④表 ⑤南 ⑥きのう（昨日）

クイズ ②（①「失望」は望みを失うこと、③「人望」は周りの人たちから受けるそんけい、という意味です。）

アドバイス

2 エ「暑い」は気温が高い、オ「熱い」は物の温度が高い、などの意味で使います。

3 ④の「明るい」は、よく知っているという意味です。

3 言葉の意味と使い方 9～10ページ

1 ①ウ ②エ ③ア ④イ
2 ①ウ ②エ ③オ ④ア ⑤イ
3 ①ア ②イ ③イ
4 ①うっとうしかっ ②ほこらしく
③じれったけれ（じれったいなら）
④なさけない

クイズ ①（②「にぎわう」は、人が多く出てこみあう、③「たもつ」は、そのままのじょうたいを続ける、という意味です。）

アドバイス

4 ①「うっとうしい」は、はればれとしない、③「じれったい」は、思うようにならずいらいらする、という意味です。

4 慣用句① 11～12ページ

1 ①エ ②ウ ③オ ④ア ⑤カ ⑥イ
2 ①目 ②耳 ③口 ④へそ ⑤手 ⑥かた
3 イ

クイズ ②（①「鼻につく」は、あきていやになる、という意味です。）

アドバイス

3 イ「足が地に着かない」は、気持ちがおちつかない様子、考え方や行動がしっかりしていない様子を表す慣用句です。ここでは「足がうばわれる」が正しい言い方です。

5 慣用句② 13～14ページ

1 ①ねこ ②ねずみ ③きつね ④うなぎ
⑤とら ⑥馬 ⑦犬 ⑧つる
2 ①イ ②ア ③エ ④カ ⑤オ ⑥ウ
3 ①立つ ②食う ③読む ④さす ⑤ふる

クイズ ①

アドバイス

1 ⑤「とらの子」は、大切にしているもの、⑥「しり馬に乗る」は、よく考えずに人の後について行動する、という意味の慣用句です。

2 ④「しのぎ」は刀の側面のもり上がった部分のことで、「しのぎをけずる」はその部分をこすり合わせてはげしく争うことを言います。

6 かくにんテスト① 15〜16ページ

1 ①㋐うんざり　㋑ほっと　㋒がっかり
②㋓感動させる　㋔ゆとり

2 ①勝つ（負かす）　②深い　③不便　④無い

3 ①ウ　②エ　③ア　④イ

4 ①手　②耳　③目　④かた　⑤口　⑥足

アドバイス

1 ①㋐「うんざり」は、すっかりあきて、いやになる様子を表す言葉です。

4 ⑤「口をそろえる」は、多くの人が同じことを言う、⑥「足が出る」は、費用が予算をこえてしまう、という意味です。

7 ことわざ① 17〜18ページ

1 ①イ　②ウ　③エ　④オ　⑤ア

2 ①ウ　②ア　③エ　④イ

3 ①鳥　②魚　③はち　④かえる

クイズ ③

アドバイス

2 ④「魚心あれば水心」は、相手が好意をしめせば、こちらもそれにこたえようとする気持ちになる、という意味です。

8 ことわざ② 19〜20ページ

1 ①エ　②ア　③オ　④ウ　⑤イ

2 ①神　②石　③月　④花

3 ①例 聞こうとしない（聞き流す）
②例 字が読めない（字がわからない）
③例 まちがえた

クイズ ③

アドバイス

3 ①「馬の耳に念仏」は、いくらよいことを言っても聞き流す、②「ねこに小判」は、そのものねうちがわからない、③「さるも木から落ちる」は、名人でも失敗することがある、という意味のことわざです。

9 故事成語 21〜22ページ

1 ①エ　②ア　③イ　④カ　⑤オ　⑥ウ

2 ①合わない　②心配　③てき
④はげまし（きそい・競争し）

3 ①イ　②ア

クイズ ③（「うがつ」は「あなをあける」という意味で、「雨垂れ石をうがつ」は、「小さな力でも、根気よくやり続ければ、大きなことを成しとげられる。」という意味の故事成語です。）

アドバイス

故事成語は、その言葉が生まれるもとになった話を知ることで、よく理解できることがあります。教科書などで、たしかめてみましょう。

10 たとえを使った言い方 23〜24ページ

1 ①かめ　②鳥　③あり　④山　⑤羊　⑥真冬
⑦へび

2 ①ウ　②ア　③オ　④イ　⑤エ

3 イ・オ・キ・ク〈順不同〉

クイズ ③（「けむりのように消える」は、あとかたもなくなってしまう様子を表すときに使います。）

アドバイス

3 「まるで」「ように・ような」「みたいに・みたいな」は、何かを何かにたとえるときに使う言葉です。

11 季節の言葉 25〜26ページ

1 ①秋　②冬　③夏　④春

2 ①エ　②ウ　③ア　④イ

3 春…ひな祭り・茶つみ
夏…夜店・キャンプ
秋…月見・ひがん花
冬…すすはらい・雪遊び〈順不同〉

4 ①夏　②冬　③春

クイズ ②（「ころもがえ」は、六月一日に夏用に、十月一日に冬用に服を入れかえる習わしですが、言葉としては「夏用」がおもに使われます。）

アドバイス

4 ①「暑き日」、②「福は内」、③「花吹雪」が季節を表しています。

12 俳句・短歌・百人一首　27～28ページ

1 俳句…雪とけて一村いっぱいの一子どもかな
短歌…ゆく秋の一大和の国の一薬師寺の一塔の上なる一一ひらの雲

2 ①秋　②赤とんぼ　③青

3 ①春　②秋

4 ①エ　②ア　③イ

クイズ　②

アドバイス

4 ［　］の後に続く言葉がヒントになります。
①～③の短歌の意味は、次の通りです。
①　春がすぎて夏が来たのだなあ。夏が来ると白い衣をほすという天の香具山に、白い夏の衣がほしてあることよ。
②　ほととぎすが鳴いたと思ってその方角をながめると、もう鳥は見えず、空には明け方の月だけが残っているよ。
③　大空をはるか遠く望み見ると月が出ているが、あの月は、ふるさとの春日（奈良）にある三笠山に昔出ていたあの月だなあ。

13 かくにんテスト②　29～30ページ

1 ①花畑　②入道雲　③小鳥の声　④景色

2 ①菜の花や・月は東に・日は西に
②季語…菜の花　季節…春

3 ①イ　②エ　③ウ　④ア

4 ①例 指をドアにはさんでしまった。
②例 心の中で手を合わせていのった。

アドバイス

1 ①の「ピンクのじゅうたん」は花畑が一面に広がっている様子、②の「ソフトクリーム」は入道雲のもくもくともり上がった様子、③の「笛の音」は小鳥のピーピーという鳴き声がきれいな様子、④の「絵」は景色が風景画のように美しい様子をたとえています。

2 俳句の意味は次の通りです。
菜の花が一面にさき広がった地平の東から春の月がのぼろうとしており、西には赤い日がしずんでいく。

4 ①悪いことが重なって起きる様子を「泣きっ面（泣き面）にはち」、②こまった時だけ神様にお願いする様子を「苦しい時の神だのみ」と言います。

14 文の組み立て①　31～32ページ

1 ①ウ　②エ　③ア　④イ

2 ①イ　②イ　③イ　④エ

3 ①ふる　②美しい　③ある　④ミケだ

4 ①**主語**…船が　**述語**…出る
②**主語**…洋服は　**述語**…きゅうくつだ
③**主語**…おじさんは　**述語**…先生だ
④**主語**…りんごが　**述語**…ある

クイズ　①（述語は「いる」なので、その主語は「父は」になります。）

アドバイス

2・3 主語は「何が」、述語は「どうする」「どんなだ」「何だ」「いる（ある）」にあたる言葉です。

4 主語を答えるときは、「船が」というように、ひとまとまりで答えましょう。

15 文の組み立て②　33～34ページ

1 ①ア・ウ　②ア・ウ　③ア・イ
④イ・ウ〈順不同〉

2 ①泳ぐ　②本が　③つかまえた　④交番で

3 ①ア強い　イ風が　ウ飛ばした　エぼうしを
②ア大好きな　イ選手が　ウ決めた
エあざやかに　オゴールを

4 ①**主語**…話が　**述語**…終わった
修飾語…長い・やっと〈順不同〉
②**主語**…風が　**述語**…なでる
修飾語…やさしく・ほおを〈順不同〉

クイズ　②（「妹は」は主語、「七才だ」は述語です。）

アドバイス

2 ④「駅前の」は、「交番で」をくわしくしています。

3 ①は主語と述語の修飾語が一つずつ、②は、主語の修飾語が一つ、述語の修飾語が二つあります。

16 読みやすい文・正しく伝わる文① 35～36ページ

1 ①イ ②ウ ③オ ④ア ⑤エ

2 ①雨がやんだので、出かけることにしよう。
②ああ、君のその意見はもっともだね。
③わたしは、健康に気をつけています。
④友達が、「顔色がよくないね。」と言った。
⑤会議は午後三時開始で、場所は図書室です。

3 ①× ②○ ③× ④○ ⑤×

クイズ ①（漢字を使い、読点（、）を打つと、「庭には、二羽、にわとりがいる。」となります。）

アドバイス

2 ①はつなぐ言葉のあと、②は感動などを表す言葉のあと、③は主語のあと、④は「　」でかこんだ会話文の前の主語のあと、⑤は文の意味の切れ目のあとに、それぞれ読点を打ちます。

3 ×としたものの適切な読点の打ち方は、次のようになります。
①ぼくは、「早く出かけよう。」と思いました。
③秋の遠足は、となり町の山でのもみじがりと決まった。
⑤さわやかな風が、わか葉の出始めたえだをゆらゆらとゆらしている。

17 読みやすい文・正しく伝わる文② 37～38ページ

1 ①アわたしは、山田君と川口君に頭を下げた。
イわたしは山田君と、川口君に頭を下げた。
②ア父は笑って、出かけるわたしに手をふった。
イ父は、笑って出かけるわたしに手をふった。

2 ①明日、はいしゃに行く予定だ。
②はいしゃに明日行く予定だ。

3 ①わたしの願いは、マラソンに強くなることです。
②母のきれいな着物が、わたしは大好きだ。
③ぼくは、兄は今とても苦しい時だろうと思う。

4 例 子犬がそばによって来て、クーンと鳴いて、ぼくを見上げた。

クイズ ①

アドバイス

2 もとの文では、「明日は医者に行く予定だ。」と読み取ることもできます。

3 ①述語を変えない場合は、「わたしは、マラソンに強くなりたいです。」とすると正しい文になります。

4 「子犬がそばによって来ると、……」などと書くこともできます。

18 かくにんテスト③ 39～40ページ

1 ①行った ②親切に ③家は

2 ①わたしは中村君と、森山君に入会をすすめた。
②母は、立って遠くを見ている父に声をかけた。

3 ①ア大きい イ犬が ウほえた エワンワンと
②ア青い イ花が ウさく エ道ばたに
オひっそりと

4 ①わたしは、母と父が帰るのを待っていました。
（母と父が帰るのをわたしは待っていました。）
②大きな、実がなった木が一本見える。
（実がなった大きな木が一本見える。）

アドバイス

4 ②「大きな実がなった木が……」では、「大きな」が「実」と「木」のどちらを修飾しているかがはっきりしません。

19 つなぎ言葉① 41～42ページ

1 ①しかし ②だから ③だから

2 ①のに ②ので ③のに

3 ①または ②ところで ③そのうえ ④でも

4 ①図書館へ行ったのに（が・けれども）、休館日で入れなかった。
②雨がふり出したので（から）、野球の試合は中止になった。

クイズ ③（「だから」「それで」は、前の文が後の文の理由になっているときに使います。①「しかし」は、後の文が前の文とちがう内容になっているとき、②「なぜなら」は後の文が前の文の理由になっているときに使います。）

アドバイス

4 ①は、後の文で前の文から予想されることとちがうことが続くので、「のに」などでつなぎます。②は、前の文が後の文の理由になっているので、「ので」などでつなぎます。

20 つなぎ言葉② 43〜44ページ

1 ①それでは　②それに　③それとも
④ただし

2 ①ウ　②オ　③イ　④ア　⑤エ

3 ①ア　②イ

4 ①例 のどがかわいていた。だから、水がおいしかった。
②例 一生けん命に走った。でも、バスに間に合わなかった。
③例 花の手入れをした。さらに、うさぎ小屋のそうじもした。

クイズ ①

アドバイス
2 それぞれ、次のような働きをするつなぎ言葉です。
①「さて」は話題を変える。
②「だから」は前が後の理由になる。
③「それとも」は前後のどちらかを選ぶ。
④「しかし」は前と反対のことが後にくる。
⑤「そのうえ」はつけ加えることが後にくる。
4 ①は文の前半が後半の理由になっているので、「だから（それで）」を、②は後半が前半での思いとはちがう結果になっているので、「でも（しかし・けれども）」を、③は前半に後半がつけ加わるようになっているので、つけ加える意味の「さらに（そのうえ・しかも）」を使って、二つの文にします。

21 文末の表し方 45〜46ページ

1 ①ア　②イ　③イ

2 ①イ　②ウ　③ア

3 ①晴れるでしょう　②来てくださいね
③いない　④静かだった

4 ①なりそうだ　②入るにちがいない
③まいごらしい　④満月のはずだ

クイズ ③

アドバイス
3 ②相手にお願いするときのていねいな言い方は、「〜ください。」です。

22 形が変わる言葉 47〜48ページ

1 ①ウ　②ア　③イ

2 ①ウ・キ　②エ・ク　③イ・オ
④ア・カ〈順不同〉

3 ①始める　②決まる　③動き　④軽さ

4 ①アみ　イさ　②アさ　イみ　③アさ　イみ

クイズ ③

アドバイス
1 ①は「○○がどうなる」、②は「○○をどうする」、③は「○○のなに」という形の言葉です。

23 かくにんテスト④ 49〜50ページ

1 ①さきました　②イ　③がっかりした
④まちがっている言葉…のに
正しい言葉…ので（から）

2 ①だけど　②また　③それとも　④だから
⑤すると

3 ①伝わる　②見る　③働き　④美しさ

アドバイス
1 ②前の文では「うれしかった」とあるのに、後では「がっかりしました」と、反対の内容になっているので、「でも」があてはまります。
④朝顔の花がさいたことが「うれしかった」のは、「みんなで世話をしてきた」ことが理由になっているので、「〜のに」ではなく、「〜ので」などとします。

24 漢字辞典の使い方 51〜52ページ

1 ①ウ　②ア　③イ

2 ①十二　②十三　③九　④九　⑤九　⑥十五

3 ①アしゅう・2　イしゃ・1　ウしょう・3
②アたま・3　イたび・2　ウたね・1

4 ①雨・八　②疒・五　③糸・六　④門・八

クイズ ②（「副」は十一画、「景」は十二画、「養」は十五画です。）

アドバイス
3 国語辞典と同じように、漢字辞典の音訓さくいんも、五十音順にならんでいます。

25 漢字の組み立て① 53〜54ページ

1 ①廷・庭 ②氵・泳 ③辶・週 ④頁・題
⑤皆・階 ⑥非・悲 ⑦王・国 ⑧ヨ・雪

2 ①始・緑 ②列・都 ③実・箱 ④点・悪
⑤原・病 ⑥起・通 ⑦開・園 〈順不同〉

3 ①扌 ②艹 ③尸 ④口 ⑤心 ⑥辶

クイズ ③

アドバイス

2 ⑤は「厂」（がんだれ）と「疒」（やまいだれ）、⑥は「走」（そうにょう）と「辶」（しんにょう・しんにゅう）をもつ漢字です。

26 漢字の組み立て② 55〜56ページ

1 ①返・カ ②飯・ウ ③池・オ ④他・ア
⑤待・イ ⑥等・エ

2 ①植物 ②進む ③金 ④家

3 ①エ ②キ ③ク ④イ ⑤オ ⑥ア

クイズ ①（「にょう」には、「辶」（しんにょう）の他、「廴」（えんにょう）、「走」などがあります。②「宿」の部首は「宀」（うかんむり）、③「図」の部首は「口」（くにがまえ）です。）

アドバイス

2 ①「艹」（くさかんむり）、②「辶」、③「貝」（こがい・かい）、④「宀」が部首です。

3 ⑥「阝」の形は、左側に付けば「こざとへん」、右側に付けば「おおざと」です。

27 漢字の音と訓 57〜58ページ

1 ①イ ②ア ③ア ④イ

2 ①アこの イす
②アさいわ イしあわ
③アおも イかさ

3 ①ア委員 イ医院 ②ア自身 イ自信
③ア開店 イ回転 ④ア自動 イ児童

4 ①ア暑 イ熱 ②ア合 イ会
③ア覚 イ冷 ④ア建 イ立

クイズ ③（「底」には、音読み「テイ」と、訓読み「そこ」とがあります。①「料」には「リョウ」、②「佐」には「サ」と、音読みだけしかありません。）

アドバイス

4 ④ア建物などについて、「たつ・たてる」というときは、「建」を使います。

28 漢字と送りがな 59〜60ページ

1 アが イぎ ウぐ エげ オご

2 ①つ ②が ③い ④ろ ⑤み

3 ①ア消す イ消える ②ア開ける イ開く
③ア生える イ生かす

4 ①ア積まない イ積んだ
②ア表した イ表せば
③ア働こう イ働いて

クイズ ②（「流れない」「流れた」「流れます」などと、「れ」から送ります。）

アドバイス

送りがなは、「急がない・急ぎます」のように、漢字の後に続く言葉によって変わります。また、訓読みが二つ以上ある漢字は、「消す」、「消える」のように、送りがなで読み分けることができます。

29 まちがえやすい漢字 61〜62ページ

1 ①イ ②ア ③ア ④イ

2 ①少ない ②〇 ③短い ④必ず

3 ①早く ②付く ③周り ④意外 ⑤機会
⑥事典

4 ①けさ ②おとな ③へや ④ふたり
⑤じょうず

クイズ ③

アドバイス

1 ①「皿」と「血」、②「申」と「由」のように、ちょっとしたちがいで別の漢字になってしまうものがあります。一画一点をていねいに読み取ったり書いたりするようにしましょう。

3 ⑥言葉の「辞典」、物事の「事典」と使い分けられています。

4 漢字一字一字の読み方とはちがう、言葉全体で読む特別な訓読みがあります。

30 かくにんテスト⑤ 63～64ページ

1 ①はじ ②シ ③たま ④キュウ ⑤シッ ⑥うしな ⑦か ⑧ショウ ⑨ネッ ⑩あつ

2 ①亻 ②頁 ③艹 ④广

3 ①ウ ②エ ③イ

4 アら イり ウる エれ オろ カっ

5 ①育む ②覚える ③苦しい ④幸せ ⑤冷たい ⑥自ら

アドバイス

3 ア「好転」は、良いほうに向かうこと、という意味です。

5 ③「苦い」と書いたら「にがい」になってしまうので、注意しましょう。

31 熟語（漢字の組み合わせ）① 65～66ページ

1 ①立 ②感 ③産 ④学 ⑤加 ⑥満 ⑦服 ⑧絵

2 苦楽・始終（終始）・売買・自他・高低・勝負〈順不同〉

3 ①川底 ②地下 ③鉄板 ④登山 ⑤消火

4 ①未 ②無 ③不

クイズ ③（「遠い↕近い」で、反対の意味の漢字の組み合わせになっています。）

アドバイス

3 ①「川底」だけが訓＋訓の読み方の熟語で、あとは「音＋音」です。

4 ①「未」は「まだ～していない」、②「無」は「～がない」、③「不」は「～でない」という意味をそえます。

32 熟語（漢字の組み合わせ）② 67～68ページ

1 ①橋 ②別 ③未 ④中 ⑤風 ⑥幸

2 ①イ ②エ ③ウ ④オ ⑤ア

3 ①相手 ②生活 ③不明 ④始終

4 ①エ ②イ ③ア ④ウ

クイズ ②

アドバイス

1・2 三字の熟語の組み合わせには、大きく分けて「一字＋二字」「二字＋一字」「一字＋一字＋一字」の三種類があります。

3 ④「一部」は、全体の中の一部分、「始終」は、始めから終わりまでのすべて、という意味です。二つを合わせた「一部始終」は、部分も全体もふくめたすべて、という意味になります。

33 熟語の意味① 69～70ページ

1 ①言 ②定 ③足

2 ①加入 ②願望 ③回転（転回） ④勝敗 ⑤多少

3 ①左 ②短 ③後 ④欠 ⑤下 ⑥他 ⑦悪 ⑧消

4 ①白紙 ②伝言 ③清流 ④活用

クイズ ②（「不名」はまちがいで、例えば「無名」「不明」なら正しい熟語です。）

アドバイス

2 ①～③はにた意味の漢字を重ねたもの、④・⑤は反対の意味の漢字を重ねたものです。

34 熟語の意味② 71～72ページ

1 ①読（書）会 ②重病（人） ③（一）直線 ④（幸）福感

2 貨物列車・完全無欠・古今東西・意気投合〈順不同〉

3 ①未（成年） ②（温度）計 ③（気）苦（労） ④（合理）的

4 ①無実・ウ ②日進・ア ③明・大・エ ④心・一・イ

クイズ ①（「不安感」は「不安＋感」の組み合わせ、②は「不＋安定」、③は「不＋健康」という組み合わせになっています。）

アドバイス

1 ①は「読書の会」、②は「重病の人」、③は「一つ（一本）の直線」、④は「幸福な感じ」というように読むと、熟語の意味が理解しやすくなります。

3 ③「気苦労」は、気持ちが苦労する、という意味です。

35 かくにんテスト⑥ 73〜74ページ

1 ①竹林 ②両側 ③残雪 ④体調 ⑤登山
⑥決心

2 ①イ・ク ②ウ・カ ③ア・オ
④エ・キ〈順不同〉

3 ①ウ ②ア ③オ ④エ ⑤イ ⑥カ

4 ①新（発見）・ウ ②未（完成）・ア
③一（石）二（鳥）・エ
④（馬）耳（東）風・イ

アドバイス

1 それぞれの熟語は、①〜④は上の漢字が下の漢字をくわしくする、⑤・⑥は下の漢字が上の漢字をくわしくする、組み合わせです。

3 ①は「乗車するための口」、②は「要と不要」、③は「東と西と南と北」、④は「説明が不足する」、⑤は「自然ではない」、⑥は「多種で多様」という組み合わせです。

4 ④「馬耳東風」は、馬は耳もとに気持ちいい東風（春風）がふいても何も感じないということが、もとの意味です。

36 まとめテスト① 75〜76ページ

1 ①白い鳥 ②お人形 ③わたがし ④りんご

2 ①ウ ②イ ③ア

3 ①顔 ②手

4 ①拾う（ひろう） ②内側 ③理想（空想）

5 ①帯 ②山 ③利 ④百

6 ①名月や・池をめぐりて・夜もすがら
②季語…名月　季節…秋

アドバイス

3 ①の「顔から火が出る」は、「ひじょうにはずかしくて顔が赤くなる」という意味で、②の「手を焼く」は、「どうやってもうまくいかずにこまる。もてあます」という意味です。

6 ①俳句や短歌は、声に出して読んでみると、音数がわかりやすくなります。

37 まとめテスト② 77〜78ページ

1 ①運動会だった
②そろそろ開会式が始まりそうだ。
③太陽が
④百メートル走の・六人の〈順不同〉

2 ここで、はきものをぬぐことが決まりです。
（はきものをここでぬぐことが決まりです。）

3 ①すると ②ので ③または

4 ①ア続ける イ続き
②ア深まる イ深める ウ深さ

アドバイス

2 「ここで」と「はきものを」は、「ぬぐ」の修飾語です。この二語の間に読点（、）を打つと、文の意味がはっきりします。また、修飾語の位置を動かすことでも、文の意味がはっきりします。

38 まとめテスト③ 79〜80ページ

1 ①夕飯 ②材料 ③野菜 ④食器 ⑤熱い
⑥要注意

2 ①歌・利 ②然・児〈順不同〉

3 ①ア直 イ治 ②ア急用 イ休養

4 ①ユウ・いさ ②マツ・すえ

5 ①高低・大小 ②親友・朝日 ③転校・着席
〈順不同〉

6 ①銀（世界） ②（深海）魚 ③不（健康）
④（公明）正（大） ⑤安（全地帯）
⑥（起死）回（生）

アドバイス

1 ⑤「あつい」は、「暑い」と書きまちがえないように注意しましょう。
⑥「要注意」は「注意が必要だ」という意味で、「要＋注意」の組み合わせの三字熟語です。

2 ①「利」の部首は「⺹」（のぎへん）ではなく「刂」（りっとう）、②「児」の部首は「儿」（ひとあし・にんにょう）です。「牧」の部首は「攵」（ぼくにょう・のぶん）ではなく「牛」（うしへん）です。

5 ①「長短」は反対の意味の漢字を重ねたもの、②「青空」は上の漢字が下の漢字をくわしくするもの、③「加熱」は下の漢字が上の漢字をくわしくするものという組み合わせです。